お金に好かれる働き方

斎藤一人
柴村恵美子

内外出版社

はじめに

斎藤一人
柴村恵美子

〝運〟は大切です。
〝智慧《ちえ》〟はもっと大切なんです。

斎藤一人

どこかの港に行ったら、堤防があった。
堤防には、釣り人がちらほらいる。
「今日は天気がいいし、ちょっとやってみるか」
軽い気持ちで、釣り糸をたれたら、魚がとれた。
それって〝運がいいこと〟ですよね。
ただ、その人は明日も魚がとれるかどうか、わからないのです。
なぜなら、それは〝運頼み〟だから。

その一方で、同じ堤防で釣りをするにも、どこに竿を投げたらいいのか、とか。潮の流れ、狙っている魚の性質、風の向き、いろんな情報を踏まえて、「こういうときは、どこで、どういう釣りをしたら魚がとれるか」を知っている人がいるんです。

そういう人のことを「智慧《ちえ》がある」と言います。

智慧のある人は、天候や環境の変化に応じた釣りができる人です。

運は、天候や環境の変化に左右されます。

運なんて、どうでもいいと言っているのではありません。

運も大切なんです。

ただし、智慧のほうが、もっと大切と言えるかもしれません。

というのは、智慧を使って仕事をしている人は、不況がこようが、何がこようが、関係ないからです。

私は商人です。それも、みんなが明るく楽しく暮らせるような言霊を広めている、ちょっと変わった商人なんです（笑）。

この世に生まれてからずっと、私は、目に見える存在からそうでない存在まで、たくさんの存在から智慧（言霊もそのひとつ）をいただいて、商売をしてきました。

私がいただいた智慧が、誰かのお役に立つのならと思い、本書を出版させていただくことにいたしました。

とは言いながら、私は「自分の意見が正しい」と主張するつもりはありません。

「信じてください」と言うつもりも、ありません。

私がみなさんにお願いしたいことは、ただひとつです。


あなたが心楽しく豊かに生きること。


そのために、お金や仕事と、どのように向き合っていけばよいのか、一番弟子の柴村恵美子さんとともに、私が持っている智慧をお伝えさせていただきます。

どうぞ、よろしくお願いいたします。

どんなに時代が変わっても、変わらないものがあります。豊かに生きるために大切にしたい教えがあるんです。

柴村恵美子

斎藤一人さんは、私の師匠です。

ふだんから私は〝一人さん〟と呼んでいるので、本書のなかでもそのように呼ばせていただきますね。

ご存じの方も多いと思いますが、二〇〇五年まで、国は所得税額一〇〇〇万を超える高額納税者の名簿を毎年五月に公表していました。

そうです、俗に「長者番付《ちょうじゃばんづけ》」と呼ばれていた、それです。

この長者番付の全国版トップ一〇位にランクインするのは、たいてい、株式譲渡《じょうと》や不動産売買で膨大な収入があった億万長者のみなさんなのですが、そのなかで唯

一、商売で得た収入（事業所得と言います）にかかる納税額で日本一になった商人がいます。それが、一人さんです。

ちなみに、一人さんが納税一番になったとき私、柴村恵美子も全国長者番付の八六位にランクインさせていただきました。

普遍の真理、豊かな心が経済的豊かさを引き寄せます。

読者のみなさんのなかには、もしかしたら、私と一人さんは、商売・お金儲けの師弟関係だと思った方がいるかもしれませんね。

確かに一人さんと出会って間もない頃、私は一人さんから、「世の中には、お金という川が流れている。この川に手を入れ、お金の流れを自分のほうへ引き寄せてみないか」と言われたことがあります。

ただ、そのとき一人さんは「どのようにして、お金の流れを自分のほうへ引き寄せるか」ということは言いませんでした。

あのとき、一人さんが私に教えてくれたのは、心豊かに楽しく生きることだったのです。

ただし、一人さんが、まったく商売やお金のことを教えてくれなかったのか、というと、そういうわけではありません。

あるとき、一人さんは私にこんなことを教えてくれました。


「人の心（魂）は眼には見えないし、触ることもできないでしょう。

でもね、心って、すごいんだよ。思ったことが現実化しちゃうの。

心を耕して豊かになると、経済的な豊かさを呼び寄せちゃうんだよ。

これは、どんなに時代が変わろうとも、変わることのない、普遍《ふへん》の法則なんだよ」


それ以来、私は、一人さんの言う言葉や行動、たたずまいをそばで見ながら、「豊かな心」について学び、私自身の日々の行動に落し込んできたのです。

「自分の魂を成長させながら、お金持ちになる！」

そう思った人に、神さまが味方をしてくれます。


私は、北海道の大雪山のふもとのちいさな村で生まれ育ちました。

父は私が幼い頃に亡くなり、母が女手ひとつで、村でたったひとつの雑貨店を切り盛りしながら、私を育ててくれました。

私は、そんな母に豊かな生活をさせてあげたくて、

「想像もつかないくらいのお金持ちになる！」

と、子どもの頃、夜空の星に誓ったものでした。

そんな思い出話を一人さんにしたところ、こんなことを教えてくれました。

「想像もつかないくらいのお金持ちになる、という夢に一歩、一歩近づきながら、
それと同時に、自分の魂が成長することを考えてやってごらん。

「そうすると、神さまがその夢を叶えてくれるよ」

それ以来、私は、師匠の一人さんのマネをして、自分で自分の機嫌をとって、常に、今ここを楽しく生きる、ということを始めました。

そして、自分の機嫌をとることで自分のなかに〝上の気〟（明るくて軽い〝気〟のこと）を充満させ、周りの人に自分の〝上の気〟をおすそわけしていく。

このひとつを極めようと私は心に決めて、今日まで実践し続けてきました。

もちろん、私はまだまだ未熟ですから、たとえば、山に遊びに来ているのに「海がいいなあ」と思ったり、海にいるのに「山のほうがいいいな」と思うことも、時にはあるんです。

でも、そんなときのために、一人さんは「山にいるときは山の楽しみ方」を、「海にいるときは海の楽しみ方」を教えてくれました。

私は、一人さんが教えてくれたことを実践して、今ここを楽しく生きながら、自分の心を耕してきました。

そして、そのように自分の魂を成長させながら私は、「想像もつかないくらいのお金持ちになる」という夢に向かって一歩ずつ歩《ほ》を進め、その結果、今があると思っているのです。

現実的なことと、スピリチュアル、この両立がキーワード。なぜなら、お金は神さまの霊感だから。

一人さんや、私は、事業家であり、会社経営者です。

スピリチュアルなことをやりながら、現実に、しっかりお客さまを喜ばせ、無借金経営を続けてきました。

そう、私たちは、現実的なことと、スピリチュアルなことを両立させることによって、仕事がうまくいき、経済的な豊かさを手にすることができたのです。

もし仮に、私が一人さんと出会わず、「お金を稼ぐ」とか現実的なことしか、やらなかったら、今の柴村恵美子はいなかったと、私は思っています。

そう、現実的なことと、スピリチュアルの両立がキーワードなんです。

なぜなら、お金は神さまの霊感だから……と私は思っています。

今は世の中が新しく変わっていく、過渡期だと言われていますが、先人たちは過去にいくつもの過渡期を乗り越えてきました。

そのなかで、どんなに時代が変わっても、変わらない普遍の智慧というものがあると私は思っていますし、また読者のみなさんも、そういう普遍の智慧を求めていると思うのです。

みなさんが探し求めていた普遍の智慧を発見するお手伝いを、本書ができたとしたら、こんなに、うれしいことはありません。

お金に好かれる働き方　目次

装幀　福田和雄
本文ＤＴＰ　中富竜人
編集協力　道井さゆり
編集　鈴木七沖（なないち）

第一章

本当の豊かさって知っていますか？

斎藤一人
柴村恵美子

お金は空気みたいなもんだよね（一人さん）

恵美子さん　私がやっているYouTube「FUWAFUWA（ふわふわ）ちゃんねる」で、人気のあるテーマのひとつが、お金・金運なんですね。ですので、「お金の話」から始めてみたいのですが、一人さん、よろしいでしょうか。

一人さん　いいですよ。

恵美子さん　ちなみに、一人さんとは、私が一八歳の頃からのおつきあいになりますが、このような対談形式で、お金の話をするのは、はじめてだし、ふだんも、めったに「お金の話」はしませんね。

一人さん　そうだね。お金の話よりも、魂《たましい》的な話ばかりしているからな（笑）。

恵美子さん　仕事で使うお金に関しては、「智慧を出して、出金を少なくするんだよ」と言われたことがあるんですよ。でも、プライベートのお金については、何か言われたことがあったかな？

一人さん　オレも、ちょっと思い出せない。

恵美子さん　あっ！　ひとつありました。私が起業して、ものすごい勢いで収入が増えたときです。その頃の私は洋服を買ったりするときに、値札を見ていなかったんですよ。そしたら一人さんが「恵美子さんは商人なんだから値札を見て、値段に見合った買い物かどうか、考えなさい」と言われたことがありました。

今では、値札を見て買い物するのが当たり前だから、すぐには思い出せなかった。

一人さん　商人うんぬん以前に、自分が一生懸命働いて得たお金だからね。大切に使ったほうがいいと、オレは思っている人なの。

ただ、お金というのは空気と同じなんだよな。

恵美子さん　お金が空気と同じ？

一人さん　そうそう。人間は、空気を吸って生きているじゃない？　だけど、ふだんは、そんなことを考えないで生きているんだよな。

恵美子さん　確かに、当たり前になっているかも。

一人さん　ところが空気が薄くなってくると苦しくなってくるじゃない？　そのことによって空気のありがたみがわかるんだよね。誰に言われるまでもなく、悟っちゃうんだ。

恵美子さん　お金もそうだってことだよね。

一人さん　そうだね。

「お金を大切にする」と言うことに関して、〝物覚えが早い人〟というのは、過去世からの積み重ねがあるからなんだよ（一人さん）

恵美子さん　一人さんには黙っていたんですが、私、起業したばかりの頃にチラシをまきすぎて「あちゃ～」と思ったことがあったんですよ。さいわい、赤字にはならなかったんですけれども。

チラシをまきすぎて「あちゃ～」ってなったことによって、今まで以上にチラシのキャッチコピー、商品写真の見せ方などを吟味するようになったし、また、チラシをどの地域に、どれぐらいまくと、レスポンスが何件あるかを計算したうえで、チラシを作るようになったんです。「お金のありがたみ」がわかったんですよ、私。

一人さん　これから話すことは、すべて私の個人的な意見であって、「これが正しい」という話ではないのね。そのことを念頭に置いて読んでもらえたらいいなと思っているんだけど。

恵美子さんは、さっき「あのときの経験で自分はわかったんだ」って言ったじゃない？　今世、たった一回の経験で「わかった」というのは、物わかりがよすぎなんだよ。

恵美子さん　私にとって、はじめての経験ではない、と言いたいの、一人さん？

一人さん　今世だけでなく、過去世でも何回か「お金のありがたみ」であるとか、経済の勉強してきたんじゃないかな。

お金でも人間関係でも、何でもそうだけどね、一回や二回、生まれ変わった程度で〝悟り〟は得られないものだからね。

恵美子さん　チラシをまきすぎたことによって「お金のありがたみ」とかがわかったのは、私が今世だけでなく、過去世でも似たような経験を積み重ねてきたからなんですね。

一人さん　逆に、恵美子さんと同じような経験をしても悟れない人っているんだよ。そういう人は、今は経験を積み重ねている最中なの。

恵美子さん　同じような経験して「お金のありがたみがわからない」のは「学んでいる最中」ということなんですね。

一人さん　学んでいる最中だからこそ、「お金のありがたみ」を知るために、ものすごい浪費をしたり、いろんなことをするんだよね。

全員がそうだとは言わないけどね、たとえば浪費をする人は「死んだらお金は持っていけないから、使わないのはもったいない」という観念があったりするんだよね。

じゃあ、お金は使っちゃいけないのか、ヴィトンのバッグを買ったり、旅行に行ったり、楽しんじゃいけないんですか、というと、そういうことではないんだよ。

恵美子さん　お金が入ってくる分と買い物やなんかで出ていく分のバランスですね。

一人さん　そういうこと。とくに、お店をやったり、自分で仕事をしている人はね、今年の収入で、今年の出費がまかなえなきゃいけないんだよ。

恵美子さん　お店の内装だって、設備だって古くなるから、新しくしなきゃいけない。そのときのために、お金はちゃんと貯めておかないとね。

一人さん　金融機関からお金を借りればいいんだ、と考える人もいると思うのね。それが「いけない」と言っているんじゃないよ。場合によっては、どうしても借りなきゃいけないときだって、あるからね。

ただ、借金をしているうちに、働きがいが薄くなってきちゃうことがあるの。お客さんの喜ぶ顔を見るためでなく、返済のために働いているような気になってくる。それって、めちゃくちゃ楽しくないんだよ。それを言いたいの。

たとえば、一〇万円でも、五万円でも、お金を貯められたんだとしたら、それだけの収入と智慧がある、ということなの（一人さん）

恵美子さん　お勤めをしている人も、自分の家計簿が黒字になるように、やりくりしていったほうがいいよね。

毎月の収入のなかで、自分を養い、家族を養い、オシャレを楽しんだり、旅行に行ったりして、さらに収入の一部を貯金する。

ということを、まるでゲームをするように、楽しくやれると最高だね。

一人さん　そうだね。貯金がある、ということはね、それだけの収入と、お金が貯まったなりの、生活を豊かにする智慧があるはずなんだよ。

恵美子さん　生活を豊かにする智慧というのは、たとえば？

一人さん　以前、軽自動車にお茶をたてる道具を積んで、ドライブしながら、景色のいいところで野点《のだて》（屋外でお茶をたてること）を楽しんでいる人がいたよ。

恵美子さん　ドライブを楽しみながら、お点前《てまえ》をいただくなんて、ステキ！

一人さん　オレもそう思う。だから、そんなにお金をかけなくても、豊かな生活はできるんだよね。

恵美子さん　お金をかけずに生活を豊かにするヒントは、ＹｏｕＴｕｂｅにもたくさんありますよ。

たとえば、手作り味噌の動画とか、一〇〇均で売っているものを使って家の内装をおしゃれなカフェ風にする動画、自分の家でキャンプを楽しむ動画であるとかね。だから、ＹｏｕＴｕｂｅやネットをチェックしてみるといいかも。こういうものを活用したらいいよね。

一人さん　そうだね。それでも、お金を使いたいんだとしたら、収入を増やせばいいんだよな。

スキルを身に着けるなら、会社が、今、何を求めているか、なんだよ（一人さん）

恵美子さん　収入を増やすために自己投資、要するに、何かのスキルを身に着けたり、勉強するために、スクールに通ったり、オンライン講座を受講する方も結構いると思うのですが、自己投資について、一人さんの意見を聞かせてもらっていいですか。

一人さん　難しい質問だな。なぜかというと、そういうスクールに通ったりするのは、仕事のためだけとは限らないからなの。

そのスクールで気の合う仲間ができて、仲間と会うのが心の支えになっているとか、〝楽しみ〟として通っている人も意外といるの。それはそれで、幸せなことなんだよ。

恵美子さん　本人が充実しているなら、いいんだね。

一人さん　その授業料を出しているのは、当人なんだから。

恵美子さん　確かに、そうですね。他人が口をはさむことではないかも。

一人さん　ただ、会社の社長としては、従業員に職場で活躍してもらいたいから、職場に必要なスキルだったり、知識を身に着けてもらいたいとは思うよね。

恵美子さん　私も同感です。たとえば、うちの会社では日本語しか使わないのに、「私はフランス語ができます」「ドイツ語がしゃべれます」と言われても、そのスキルは評価しづらい。販路拡大で、フランスやドイツでうちの商品を販売するなら、話は別ですが。

一人さんの頭のなかには、海外に販路を広げる計画はないでしょ？

一人さん　考えたことがないね（笑）。

だからね、スキルを身に着けたり、勉強しようというときは、「今、会社は何を求めているか」。ここをしっかり見たうえで、自己投資したほうがいいと思うよ。

仕事のために買ったつもりが、実際は、役立てていないことに気がついたら、すぐ、やめることです（恵美子さん）

恵美子さん　私のＹｏｕＴｕｂｅを作っているスタッフのなかに、「仕事のため」「よりよい動画制作のために」ということで、毎日のように、本を買っている人がいたんです。問題は、買った本は全部読んでいるわけではなくて、ただ積んでいるだけの本も、かなりあったこと。

その人の部屋には、積読本《つんどくぼん》の山がいくつもできて、扉の開け閉めが不自由になったり、部屋にいると息苦しくてしょうがなくなってきたんですって。

それで、その人は、もうひとつ本棚を買おうとしていたのね。

私、その人に「ちょっと待って」って止めて、新しい本棚を買う前に、読んでいない本に「ありがとう」を言って古本屋さんに持っていくとか、したほうがいいよ、って言ったのね。

そしたらね、その人は「いや、それはできません」って言うの。

一人さん　処分できないのは、読んでいないからなんだよ。

恵美子さん　そうなんですよ。本人は「仕事のために」と言っているけれど、実際は、仕事に役立てていないんです。

そういうことを続けながら、新たに本棚を買うのは、おかしくないですか？　だって、その本棚には読まない本を入れておくんですよ。

一人さん　でもね、恵美子さん、それは「宇宙の法則」通りなんだよ。本でも何でもそうなんだけど。〝使わないもの〟を買って部屋に置いておくと、さらにまた無駄遣いしちゃうようなことが起きてくる。

恵美子さん　この悪循環をとめるには、読んでいない本は思いきって処分したほうがいいかも……。

一人さん　そうだね。処分するようになってくると、不思議なんだけどね、その人にとって、本当に必要な本しか買わないようになってくるんだよ。
部屋は片づくし、本当に必要なものが手に入るようになってくるの。

お金はお金を呼び寄せる働きがある。無駄は無駄を呼び寄せるんだよね（一人さん）

恵美子さん　ただね、一人さん。私、その人から学んだことがあるんですね。人は自分自身のことが見えないんだな、って再確認できたんです。そして、私自身も必要のないことに時間と労力を使っていないか、ふりかえる〝いいきっかけ〟をもらったなと思って。

一人さん　その人も、恵美子さんのおかげで、気づけたからよかったな。必要のない本を買うのをやめた分のお金を、貯金に回せば〝全国貯金ランキング〟の順位が、相当あがっちゃうよ、その人（笑）。

恵美子さん　本人に聞いたらね、読まない本に支払ったお金が月平均二万円くらいあったらしいの。年間で二四万円ですよ。数万人単位でランクがあがりますよね。

一人さん　月二万円を貯めるまでいかなくても、「一日五〇〇円貯める」のでも全然、違っちゃうよ。

貯金箱に五〇〇円を入れるたびに〝全国貯金ランキング〟の順位がグングンって、あがっていくんだよね。

恵美子さん　貯金箱にお金を入れるたびに、〝全国貯金ランキング〟の順位があがるイメージをすると、楽しいね♪

一人さん　楽しいうえに、貯まったお金が、またお金を呼んでくるんだよね。

お金はお金を呼び寄せる働きがあるんだよ。

逆に、〝不必要なもの〟は新たに〝不必要なもの〟を呼び寄せるんだよね。この悪循環をどこかで断ち切らないとな。そうじゃないと、たとえ収入が倍に増えたとしても、〝不必要なもの〟は増える一方だし、浪費もどんどん増えていく可能性が高いよね。

でも、その人は、そうなる前に「お金の大切さ」に気づいたから、よかったな。

「選ばれた人しか、お金持ちになれない」と思っている人は、一人さんのお金持ちの定義にびっくりコーン（恵美子さん）

恵美子さん　お金を大切にしようと思っているのなら、自己投資を見直して、実際に必要のあるものなのかどうか、会社で実際に役に立つものなのかどうか、チェックしてみる。

一人さん　そして、たとえば、五千円貯まれば〝五千円のお金持ち〟になれる。

恵美子さん　「月五千円、貯めたって、そんな……」とか思わないことがポイントですね。

一人さん　月五千円ずつでも、「貯めるぞ」って決めたら、来月は〝五千円のお金持ち〟再来月は〝一万円のお金持ち〟なんだよ。

そして一〇カ月後は〝五万円のお金持ち〟なんだ。わかるかな？

恵美子さん　自分が持っているお金が、今より一円でも増えることが、お金持ちなんだ。

一人さん　「正しい」と言っているんじゃないよ、一人さんの考えがそうなんだ、っていうことだよ。

恵美子さん　でも、私は、一人さんの、その考えに賛成です。

だって、「選ばれた人しか、お金持ちになれない」と思っている人が多いでしょう。一人さんの、その考えを聞いたら、夢と希望と光が持てる人たちが増えると思うんですよ。

一人さん　そうすると、オレの考えでいくとね、たとえば、今まで働いていなかった人が職につけば、そのお給料分のお金持ち、ということなんだよ。

家の後継ぎの人だったら、家の財産を受け継げば、その分のお金持ちなんだよね。

じゃあ、家の財産をもらえない人は、どうするか。もらえないなりに計画を立てればいいの。たとえば、勤めている人は、会社で出世してお給料があがるようなことをやるとかね。必ず、今よりお金を持てるようになる方法があるんだよね。

「お金を持とう」とか、夢を思い描いたら〝最短距離〟。〝最短距離〟で目的地に到達しようとすることが、夢が叶うコツなんだよね（一人さん）

一人さん　それともうひとつ、読者のみなさんに伝えておきたいことがあるのね。

「お金を持とう」と思ったら、最短距離なの。最短距離で目的地に向かうんだよ。要するに、今すぐできること、それも今の自分にとって、もっとも簡単にできることから始めるのがコツなんだよ。たとえば、少額でもいいから、毎月、貯金をするとかね。

恵美子さん　選ばれた人しか豊かになれないなんてことは絶対にないんですね。

一人さん　そうなんだ。お金持ちになるのに特別な才能だって、いらないんだよね。神さまの望みは、みんなが豊かになることだからね、神さまは、誰にでもできることを用意してくれているの。

それは何か、というと、さっきも言った貯金、つまり、お金が入ったら自分にもあげることなの。バッグ屋さんにお金をあげたり、靴屋さんにお金をあげるだけでなくてね。収入の一割を貯めるのでもいいし、毎日五百円玉貯金をするのもいい。とにかく貯めることだよ。

恵美子さん　「今、こういう事情があって、たいへんなんです」「貯金なんて無理です」という人も、いると思うのですが、私は、そういう人には「少額でいいから、お金を貯める努力をすると展開が変わりますよ」ってお伝えするんですね。

なぜなら少しずつでもお金が貯まってくると、心の〝ゆとり〟ができてくるから。

一人さん　そして、その〝ゆとり〟が、豊かさを引き寄せるんだよな。

だから、神さまは、みんなが豊かになることを望んでいるんだよ。

投資というのはね、お金が働いてくれるの。やがて〝お金の子ども〟が生まれて、この子も働きだす。さらに〝お金の孫〟も生まれ、働いてくれるんだよ（一人さん）

一人さん　ともかく、収入の一部を自分にあげる、つまりお金を貯めることだよね。

そうすると、やがて、何十万とか、まとまった額の貯金ができるじゃない？

そういう段階になったら次は、お金を貯めながらお金に働いてもらうことを考える。要するに、投資をするの。

自分の手元から出ていったお金は、どこかの会社の事業に使われて、その会社が儲かると、配当金というのがもらえるんだよ。たとえて言うなら、自分が出したお金が〝子ども〟を生んだようなものだな。

そうすると、今度は〝お金の親子〟がいっしょになって働いて、やがては〝お金の孫〟が生まれて、〝孫〟もいっしょに働きだすの。

そういうふうにして〝お金のファミリー〟が増えていくんだよな。

恵美子さん　ただ、投資をするときに気をつけないといけないことがありますよね。いちばん注意しなくちゃいけないのは、「こんなに、たくさんお金が増えて戻ってきますよ」というような、宣伝文句。

一人さん　目先の儲けよりも、貯めたお金を減らさないことを念頭に置くことだよな。そして、できるだけ安全なもの、堅実な事業をしているところに投資すること。それをやりながら、同時に、お金を貯め続けるんだよ。

これが、今から数千年以上前の古代バビロニアの時代から伝えられてきた〝お金持ちになる秘訣〟なんだよね。

「なんだ、そんな当たり前のことか」と思うかもしれないけど、これが普遍の法則なの。

恵美子さん　でもね、その当たり前を、うっかり忘れちゃうのが人間だと思うんですよ。だから、目先の儲けに気を取られちゃったりするんですよね。

一人さん　大切なことだから、もう一度言うね。収入の一部を貯金すると同時に、貯めたお金を減らさず、安全なところに投資すること。

投資には、元本割れであるとか、リスクがあるけれど、それでも、自分のお金を減らさないようにしないといけない。

そのためには、経済について勉強したり、投資先の企業のことを調べたり、勉強しなくちゃいけないの。

そういうことを忍耐強く続けることも、「魂の成長」なんだよね。

恵美子さん　「魂の成長」を意識するのと、しないのとでは、起きる現象が違ってくる、ということを言いたいのかな、一人さん。

一人さん　その通りだよ。「魂の成長」を意識しながらやると、なぜ、いいのかというと、神さまは、私たちが「魂の成長」をすることを望んでいるからだよ。「魂の成長」をしている人間を、神さまは味方してくれるからね。

お金持ちになる資質がどうのこうのと言われているけど、自分を含め、お金持ちになった人たちを見ていると、意外と、ズレてる部分もあるんです（恵美子さん）

恵美子さん　ちょっと話が変わるけど、この前、私ね、「お金持ちになる資質って何ですか？」って質問されたんですよ。

質問してくれた方は、本を読んだり、講演を聞きにいったりして、〝お金持ちになる資質〟について勉強している人なのね。

ただ、その人の話によれば、いろんな意見があるんですって。「お金持ちの人は時間に厳しく、遅刻は絶対にしない」という意見、「部屋にやたらとものを置かない」という意見、「財布の中がきちんと整理整頓されている」という意見がある。人によって微妙に意見が違うから、わからなくなっちゃうんですって。

一人さん　それで、恵美子さんは、どういうふうに返事をしたんだい？

恵美子さん　私は正直に、財布の中は常に整理整頓しているけど、私はお花が大好きだから家じゅうお花がいっぱいなんですよ、って言いましたよ。
　時間も遅刻しないように気をつけてはいるけど、会議や打ち合わせの時間がのびることがあるんです。そういうときは、約束の時間に遅れることもありますよ、って、返事をしました。

一人さん　恵美子さんは、財布にお札をしまうときに、向きをそろえてしまっているけれど、向きをそろえていないお金持ちもいるよな。

恵美子さん　ちなみに、一人さんは「お金持ちの資質」について、どう思っていますか？

一人さん　オレ自身は、そういう細かいことは考えたことがないんだよね。だから、財布のなかが整理整頓されているとか、遅刻はしないとか、そういうことが「お金持ちの資質だ」と言われても、正直、ピンとこないんだよ。

恵美子さん　実際にお金持ちになることとは別の話じゃないかなと、私も思っているんです。

一人さん　スポーツをやっていて、オリンピックに出るような人は、それなりの努力をしているじゃない？　お金持ちの人も同じだと思うんだよね。

スポーツ選手でもオリンピックに出場できるのは、やっぱり「オリンピックに出るぞ！」と決意し、練習したり、肉体改造をしたり、オリンピックに出るための努力をするからなのであって、素質がある人でも何の努力もしなかったら、出場するチャンスはなかなかつかめないよね。

お金持ちもそれといっしょでね、お金持ちになるような努力をしているんだよ。

恵美子さん　よく人間の器の大きさ分しか、お金は持てないと言われているけれど。

一人さん　やっぱり、「自分はお金持ちになるんだ」という決意と、そこへ向かって一歩、足を踏み出していかないとな。

人を蹴落としてまで出世するのにも努力がいる。愛されながら出世するのにも努力がいる。どちらも努力がいるなら、どっちがいいか（恵美子さん）

恵美子さん　ひと昔前は、「お金さえ持てるようになれば、それでいいんだ」って、がむしゃらに働いて成功した人が結構いたじゃない？

それが一番の、成功の近道だと思われていた時代があったでしょう。

一人さん　そうだね、そういう人たちがガムシャラに仕事をして、今日の日本の礎《いしずえ》を築いてくれたことには感謝している、ありがたいと思ってる。

ただ、お金のためだけに働くのは、オレには向いていないんだよな。そこに幸せを感じられないいんだよ、一人さんという人は。

恵美子さん　「お金さえ持てれば、みんなに嫌われてもいいんだ」という考え方を否定しているつもりはないんだよね、一人さん。

一人さん　もちろんだよ。その人の生きる道だからね。第三者がとやかく言うことではないと思うよ。

オレの場合は、よき仲間とともに人生の旅路を楽しむほうが好きなんだ、と言っているだけなんだよね。

ただ、今の時代は、「お金さえ持てればいい」という考えはうまくいきづらいかもしれない。これからは、「愛されながらお金持ちになる」ということを目指したほうが、成功しやすい時代だね。

恵美子さん　私、思うんですね。「お金さえ持てればいい」と思っている人も、「愛されるお金持ちになりたい」という人も、その夢を叶えるのには努力が必要でしょう。だとしたら、愛されるお金持ちになるための努力をしたほうがいいんじゃないかな、って言いたいんです。

だって、努力した結果、嫌われるのは、つまらないでしょう。

一人さん　お金さえあればいいんだ、というのは、欲が少なすぎるよな。

恵美子さん　「お金さえ、持てればいい」という考えのほうが、世間的には「欲が深い」と思われがちだけど、一人さん的にはそうじゃないんだよね（笑）。

一人さん　どう考えたって、「愛されるお金持ちになる」ほうが欲が深いだろ（笑）。

でもさ、現実に、お金持ちを目指しながら、楽しいこともできるんだよ。夢を叶えながら、恋を楽しむことだってできるんだよね。

要するに、願えば叶うんだ、って言いたいんだよ。

ほとんどの人は自分を抑えすぎなの（一人さん）

恵美子さん　今は時代の転換期と言われているじゃない？　人の考え方も、働き方も、いろんなことが変わってきているって、言われているでしょう。

だけど、欲を出しちゃいけないって、自分を抑えている人も少なくないらしいんです。

一人さん　そうなんだよね。人はみんな、本当は、ものすごいパワーを与えられているのにね。自分を抑えることにエネルギーを使っているんだよ。

恵美子さん　自分を抑えることに使っていたエネルギーを、自分が豊かになることに使えば、成功しちゃうんだけどな。

一人さん　自分を抑えるのは、そうしないと、人から嫌われると思っているから
なんだと思うんだよ。

恵美子さん　一人さんは自分を抑えたことはないでしょう。

一人さん　ないね。恵美子さんも、自分を抑えていないよね。

恵美子さん　はい。それと同時に、師匠の一人さんを見習って、自分が欲しいもの
は、全力で手に入れようとしてきました。

一人さん　それでも、みんなに愛されているんだよな。
だから、自分の気持ちに素直になって、自分のやりたいことをやればいいんだよ
ね。それで、愛される成功者になればいい。
「そんなこと、できるんですか？」って、できるよ。

恵美子さん　「できない」と思ってしまうのは、自分を抑えることが美徳だ、という観念にしばられているのかもしれないですね。

自分を抑えていると「自分を抑えたムード」を醸し出すんだよね（一人さん）

恵美子さん　私も昔、「自分を抑えるのが美徳だ」と思っていたことがあったんです。ところが、一人さんと出会って、「もっと自分を出しな」と言われた瞬間、頭がパッカーンして、それからは「イケイケの恵美ちゃん」で（笑）。

一人さん　自分を抑えていると「自分を抑えたムード」というのを醸し出すんだよ。そのムードで、周りも、暗く重くなるんだよね。何より、与えられたエネルギーを、自分を抑えることに使うのはナンセンスじゃないかな？　オレはそう思うよ。

恵美子さん　私は、一人さんが「やめな」って言ってくれたから、やめることができた。

一人さん　自分を抑えることをやめたら、あとは恵美子さんが勝手に、自分がやりたいことにエネルギーをふりそそぐようになったんだよ。

恵美子さん　だから私は言うの、自分を抑えるのをやめてみたらどうですか、って。

一人さん　自分を抑えるのをやめたからって、わがままになるわけじゃないしね。何より、ありのままの自分で今も成功し続けている、柴村恵美子という成功事例があるでしょって、言いたいね。

千円で買った財布を「一〇万円の財布だ」と思うんだよ。九万九千円得して、うれしくなるじゃない？この喜びが、さらなる喜びごとを呼び寄せるの（一人さん）

恵美子さん　私は今〝Z世代〟と呼ばれる二〇代の若者たちとタッグを組んで、公式YouTube「FUWAFUWA（ふわふわ）ちゃんねる」を配信しているんですが、お金の話、金運の話が喜ばれているんです。なかでも想像以上に喜ばれたのが、お財布の話なんですね。

一人さん　どんな話をしたんだい？

恵美子さん　人間はイメージした通りの現実を引き寄せることができる、と言うでしょう。そうすると、自分がお金持ちになったイメージをするために、お金持ちの人が持っているものと同じものを持ちたいと思う人もいるんですね。

それは悪いことではないんだけど、お金をかけずに、自分がお金持ちになったと想像することはできるじゃない？

一人さん　確かにそうだね。

恵美子さん　だから、ＹｏｕＴｕｂｅで私、こう言ったんです。

「千円でもいいから、自分が気に入った財布を買って、『この財布は五万円の財布なんだ』と思ってごらん」って。

この話、一人さん、覚えていない？　以前、一人さんが教えてくれた話ですよ。

一人さん　えっ、オレ、いつ、そんな話をしたっけ？　覚えてないな（笑）。

それにしても、今、恵美子さんが言ったことは、すごくいい話だよな。

千円の財布を「五万円だ」と思ったとすると、四万九千円得したことになるじゃない？

「一〇万円の財布だ」と思えば、九万九千円、得したことになる。

ウキウキ、ワクワクしてきちゃうじゃん。

その喜びが、あらたに喜びごとを呼び寄せる、つまり豊かになっていくんだよな。

恵美子さん　その話を、ＹｏｕＴｕｂｅで伝えたら、おかげさままで大好評でした。

一人さん　お金持ちになりたいのなら、お金持ちの人がやっていることをマネればいいんだよね。そのなかで一番大切なことは、やっぱり**お金を貯める**ことだよね。

でも、「そんなのは夢がなくて嫌だ、お金持ちの人がもっている財布を持ちたいんだ」と思うのならば、自分が思ったことをしていいんだよ。

恵美子さん　欲しい財布を買った時点で、「あの財布を持ちたい」という夢は叶っていますもんね。

一人さん　お金持ちの人が持っている財布と同じ財布を買ってもいいし、買わなくてもいい、どっちを選んでも学びがあるから、自分が目指しているほうへ向かって、何か行動を起こせばいいの。

行動すれば、お金の大切さがしみじみわかったり、少ない額でもお金を貯めていると、「お金がお金を呼び寄せる働きがあるって、本当なんだな」と思うようなことが起きてきたり、わかるかい？

恵美子さん　行動してみないと、答えは出てこない。

それともうひとつ、学ぶ内容は人それぞれだけど、最終的な目的地はみな「幸せで豊かになる」と決まっていますよね。

一人さん　その通り！

だから、だんだんよくなる未来は明るいんだよ。

第二章

人生一〇〇年時代を豊かに生きるために、今、伝えておきたいこと

斎藤一人

お金は神さまの霊感だよ、って言うんです。
みんなの幸せと豊かさを願う神さまの愛がお金になった、
私そう思っています。

「お金は神さまの霊感だ」

これは、私の、昔からの持論です。

「神さまの霊感」とは、「神さまの最高のアイディア」ということです。


お金という、「神さまのアイディア」がこの世の中に出てこなかったとしたら、たとえば、この世の中は、ずっと物々交換の世界なんです。

そうすると、たとえば東京から大阪まで新幹線で移動するのに往復で約三万円かかるとすると、お米五キロ入りの袋を一〇個くらい持って駅に行かないといけない。

それって嫌でしょう（笑）。

お勤めの人は、お給料日に自分の銀行口座にお金が入るようになっていますよね。もし、お金という、「神さまの最高のアイディア」がなかったら、お金の代わりに、リヤカーいっぱいのジャガイモが現物支給されたり、そういうことになる。高給取りだと、軽トラックが必要になるとか、たいへんなことになっちゃう（笑）。

このたいへんさを解消してくれたのが、お金なのですが、「お金とは、ものやサービスとの交換手段だ」と思わないでくださいよ。

お金には、私たちの考え方や行動に影響を与える働きもあるんです。

「禄《ろく》」が薄くなってくると「貫禄《かんろく》」も薄れてきます。にじみ出る波動が違うんです。

私の母は、今の言葉で言う起業家でした。私が子どもの頃、母は何軒も家を建てたくらい、めちゃくちゃ〝稼ぐ人〟だったんです。

そして、類は友を呼ぶ、ということわざが示す通り、わが家には、ほぼ毎日のように、母の知り合いのお金持ちが遊びにきていたのです。

私は子どものときから、いろんなお金持ちの人たちと接していました。

そして、ある日、私は〝あること〟に気づいたのです。

ほら、「あの人は、貫禄があるねぇ」と言われるような人って、いますよね。

ちょっとやそっとのことが起きても動じることがなく、いるだけで周りの人に安心感を与える。「この人についていけば大丈夫だ」というような思いにさせたりね。

さらに言うと、タダものではなさそうなムードを漂わせている。

そういう人のことを「あの人は貫禄がある」と言うことがあるんです。


この「貫禄」に欠かせないものが豊かな考え方と「禄」、つまりお金だということを、私は、母の知り合いのお金持ちを見て知りました。


ところが、「貫禄があるねぇ」と言われている人でも、禄が薄くなってきたり、将来の禄のことを心配するようになったりしてくると、視野が狭くなってきて、建設的な考えが浮かばなくなってくる。

ちなみに、この現象を、昔の人は「貧《ひん》すれば鈍《どん》する」と言いました。

鈍すると、その人から、にじみ出る波動がまったく違ってしまいます。


お勤めの方も、身に覚えはありませんか？

たとえば、カードの支払日に預金高がガクンと減ってしまうと気持ちが沈み、考え方や行動まで消極的になってしまった、とか。

ところが、「明日は、お給料日だ」とか、「入金がある」と思うと、パッと気持ちが明るくなっちゃうんですよね。

このような出来事を通じて、人は「お金って大切なんだな」とか、「もっとお給料ほしいな。そのためには、どうしたらいいんだろう」と考えるんです。

そうすると、「会社に貢献しないといけないよな」とか。

会社に貢献するためには、「今もらっているお給料以上の働きをするつもりで働きに行こう」と考えて行動するんです。

人によっては、仕事中毒みたいになる人もいるけれど、やがて「ちゃんと休もう」とか、「自分の健康管理もしっかりしないと、会社に迷惑をかけちゃう」とか、考え方や行動が変わってきます。

このように、人はお金を通じて心を耕し、魂的に成長するようになっているのです。だから私は、お金は「神さまの最高のアイディア」ですよ、と言うのです。人間が、幸せで豊かになることを願う神さまの、愛から生まれたアイディアなんです。

不況とは〝お客さんの選ぶ目〟が厳しくなること。それによって商人として磨かれることはあっても、不利になるなんて、ありえないのです。

これからお話することは、理屈それ自体はいたってシンプルです。シンプルでありながら、ここに宇宙の摂理すべてが入っていると言っても、決して言い過ぎではない、と私は思っています。

話の内容は、「豊かな思い」が豊かな現実を作り上げていく、という、ただ、それだけのことなんですが。

これだけでは、わかりにくいと思いますので、もう少しお話しますね。


テレビやＳＮＳで権威のある学者さんであるとか、その道のプロの方たち、あるいは有名な評論家が「このままだと日本はダメだ」と言っているのを見たり聞いたりすると、大半の方は、「そうなんだな」と思ってしまうでしょう。

ところが、いつの時代もそうなのですが、「今は不景気だ」と言われている世の中でも、絶好調の会社が必ずあるんですよ。

その会社が絶好調な理由はいろいろあると思うのですが、一番の理由はそこのトップが「豊かな思い」を持っているからだと私は思っています。


おかげさまで、私たち〝まるかん〟も創業以来、何十年と、つつがなく商売をさせていただいてきているのですが、では〝まるかん〟のトップである、一人さんは何を考えているのか、少しお話したいと思います。

日本の経済はバブル崩壊後何十年と停滞しているとか、あーだとか、こーだとか言われていますが、私個人としては、世の中的に景気がかんばしくないときでも、「お金も、地球にある金やダイヤモンドの量も、減っていないんだ」と言うのです。

つまり、〝一人さん〟という人は、世の中が不況でも「不況だ」とは思わない。

私は、マズいものには蓋をしているのではありませんよ。

景気がかんばしくないときですら、どこかに必ずお金はある、という事実を、私は知っているんです。

電子マネーだろうが、仮想通貨だろうが、お金の形態が変わることがあったとしても、世の中からお金がなくなるわけではありません。

何より、買い物をする人は必ずいるんです。ただ、お客さんの選ぶ目がちょっとだけ厳しくなった、それだけなんです。

だとすると、うち（銀座まるかん）のように、お客さんに喜ばれる商品を作って提供し、なおかつ、お客さんが求めているお話――人間の体は、食事と考え方の影響を受けているから、食事のバランスはこのようにとるといいですよ、考え方はこういうふうに考えるといいですよ――という話を無償で提供しているところにとっては、今は飛躍する、またとないチャンスなんだ。

さらに、ついていることに、お客さんの厳しい目があるからこそ、商人として、さらに磨きがかかるんだ……ということを、私は考えちゃう。

だから、私にとって不景気は、不利になることはありえないのですよ。

なかには、「それは、一人さんが、自分に都合よく考えているだけじゃないですか」という意見もあるでしょう。確かに、そうかもしれません。ただね。

思ったことが現実化する、という法則があるのです。

だから、自分に都合のいいことばかり考えている私には、都合のいいことしか起きないのです。

あなたが今いる世界は、あなたが以前、思ったことが現実化したものです。

もし、あなたが不都合なことばかり考えていたのだとしたら、あなたが生きる世界は、そのような世界かもしれません。

でも今ここから、豊かな思いをすれば、豊かな現実を引き寄せるのですよ。

では、想いというのは、どうやって豊かになるのか。

結論から先に言いましょう。

「豊かな思い」をしたかったら〝ちいさな徳〟をコツコツ積み立てていけばよいのです。

「生きる」とは、楽しいこと。「楽しい思い」をしたいから一生懸命、働くんです。

私には、恵美子さんをはじめ、一〇人のお弟子さんがいます。

恵美子さんは以前、指圧師をしていましたし、他のお弟子さんは、お勤めをしている人だったり、ヒマな喫茶店をやっていたり、ふつうの人だったのですが、今は社長をしています。そして、億のお金を持てるようになりました。

お弟子さんたちが成功したのは、私が「成功する商売のしかた」や「お金儲けのしかた」を教えたからなのではありません。

私がお弟子さんたちに教えたことは、もっと、もっとシンプルなことなのです。

「生きる」とは、楽しいことだよ、って私は教えました。

それは、私が、楽しいことが大好きだからです。

私は「楽しいことがなかったら、人生はつまらない」という考えの人間なのです。だから、恵美子さんが人生を楽しむために、好きな役者さんが出ている映画や芝居を観にいくのも全然ＯＫ。

「恵美子さん、ステキな楽しみを見つけて、よかったね。楽しんでおいでよ」

いつも私はそう言って、恵美子さんを送り出すのです。

「お弟子さんに、そんな、好き勝手なことをさせて、いいのですか？」

そんなふうに心配してくれる方がいるのは、とてもありがたいことです。

ただ、仕事の合間に好きな人に会いに行くと仕事に差しさわりが出るのではないか、という発想が、私にはまったくないし、実際、そんなことが起きたことが一度もない。むしろ逆に私はこう思っているのです。

好きな人に会いたいから、一生懸命、働くものなんだ、ってね。

たいがいの人は、横からごちゃごちゃ言われなくても、一生懸命、働くのです。

それはなぜかというと、人は「楽しい思い」をしたいからです。「楽しい思い」をしようと思ったら、お金が必要になってくるんですよ。だから、そんな、見張るようなことはしなくなり、本人は勝手に「よし、一生懸命、働くぞ」って思うようになっているんです。

ただし、ここでひとつ補足しておかないといけないことがあるのね。

自分の楽しみを追及すれば、恵美子さんのように億のお金を持てる人間になれますか、というと、一概には言えないのです。

億のお金を持つ人も、もしかしたらいるかもしれないし、それ以外の道で幸せになる人もいるかもしれない。読者のみなさんが、どんな道を歩むかは、私にはわからないの。

私が知っているのは、恵美子さんであるとか、お弟子さんたちが何をやって成功したのか、ということ。そして、それは、億のお金を持とうが、持つまいが関係なく、この先、幸せで豊かな人生を送っていくうえで欠かせないものだと、私は思っています。

それは何かというと、〝ちいさな徳の積み立て〟です。

恵美子さんをはじめとする私のお弟子さんたちは全員、社長になる前から〝ちいさな徳の積み立て〟を続けているんです。

自然と守られ、心満たされ、想像した以上にうまくいく。そういう人は〝ちいさな徳の積立て〟をしているんです。

私たち人間が心楽しく豊かに生きていくために、必要なものがいくつもあります。

たとえばお金がそう、仕事もそう、友だちもそうでしょう。

幸せに、豊かに生きていくには、いろんなものが必要なんだ、って、みなさん言いますよね。

ところが、意外と、うっかり忘れてしまいがちなものがあります。

それは何かというと、〝ちいさな徳〟なんです。

まずは〝徳〟とは何か、ということなんですけれど。

簡単に言うと、〝徳〟とは、人の幸せに貢献することです。

ただし、私が言う〝徳〟とは、日本からはるか遠くにある国々の幸せに貢献しようとする前に、まず今ここ、目の前なのです。今、自分の目の前にいる人の心の重荷を軽くしたり、人の心が明るくなることをする。

これが、私が考える社会貢献であり、〝ちいさな徳の積み立て〟なんです。

〝ちいさな徳の積み立て〟とは逆に、徳がマイナスになるようなことは何かというと、以下の三つになります。

・不機嫌そうな顔（真顔）で人に接する
・人の悪口や文句を言う
・心配や恐怖をあおるようなことを言う、など。

簡単に言うと、人の心を暗くしたり、重くしたりすることが徳をなくす、というわけです。

〝ちいさな徳〟を積む、つまり人の幸せに貢献する、というと、相手ばかりが得をするような気がするでしょう。

ところが、実際にやってみると、貢献されている人よりも、貢献しているほうがうんと幸せで豊かになっちゃうの。

どうして貢献したほうが幸せなのかというと、人は他人《ひと》に喜ばれたときに最高に幸せで豊かになるように神さまが創ったからだと私は思っています。

「あなたのおかげで助かりました」なんて言われたら、もうたまらないよ。生まれてきてよかった、最高に幸せだなって、思えてくるからね。

そういう豊かな気持ちで日常を過ごそうと心がけていると、自然と天に守られて、想像した以上にウマくいく人生になっちゃうんですよ。

人にあげても減らないもので〝徳〟を積み立てるんです。

〝ちいさな徳の積み立て〟をすると人生は豊かになる、ということはわかった、と。

では、具体的にどんなことをすればいいんですか、というと

「自分が持っているもので、なおかつ、人にあげても減らないもの」

これを、会う人、会う人たちに配るのがいいんです。

「自分が持っているもので、人にあげても減らないもの」とは何か。

たとえば、笑顔がそうです。会う人、会う人に笑顔で接していて笑顔がなくなってしまいました、という人に、私は会ったことがありません。

言葉もそうです。やさしい言葉、人の肩の荷を下ろすような言葉を、周りの人た

ちに、かけても、かけても、なくなることはありえないですよね。

それから、自分が得意なことのなかにも「人にあげても減らないもの」があるかもしれないですよね。

たとえば、自分が人と比べて仕事の手が早くて同僚より早く仕事が終わるのだとしたら、「手伝ってあげるよ」って声をかけることだって、できますよね。


それと、もうひとつ、一番大切なことがあります。

それは何かと言いますと、自分で自分の機嫌をとることなんです。

最高の徳積みとは、自分の機嫌をとることなんです。

自分の機嫌をとるとは、たとえば、落ち込みそうになったとき、不安でしかたがないときに、「大丈夫、ついてる、ついてる」とか、「だんだんよくなる未来は明るい」

など、自分の心が明るく軽くなる言葉を唱えるんです。

あるいはまた、自分の趣味に打ち込んだり、好きな芸能人が出ているテレビや映画を見たり、おいしいものを食べたり、おしゃれを楽しんだり、自分が楽しいと思うようなことをするんです。

そうやって、自分の機嫌をとっていると〝ちいさな徳〟がどんどん積まれていきます。

自分で自分の機嫌をとる、というのは、一見、やっていることはちいさいように思うかもしれませんが、実は、周りの人への貢献度はめちゃくちゃ高いのです。

たとえば、会う人、会う人に笑顔で、愛のある言葉で接することができるのは、心に上気元《じょうきげん》（私は上機嫌を「上気元」と書きます）がたまっているからなんです。

自分で自分の機嫌をとって、心にたまっている上気元があふれ出たものが笑顔になったり、愛のある言葉になるのです。

だから、自分の機嫌をとることは最高の徳積みだと、私は考えています。

今月も一生懸命がんばったんです。お給料の一割、一パーセントでもいいから自分にあげてください。

本章の冒頭でも言いましたが、私にとって、お金は「神さまの最高のアイディア」です。それくらい、お金は貴《とうと》いものなんです。

そして、貴いお金は、貴い働きによって得るものだ、と私は思っています。

〝貴い働き〟という言葉を見て、「自分とは縁がない世界の話だ」と思った人もいるかもしれませんが、そんなことはないですよ。

法律にふれるようなことはさておき、仕事をしている人は、みな貴い働きをしているんです。専業主婦の方もそう、貴い働きをしているのです。

なかには、自分が貴い働きをしていると思えない人もいるかもしれませんね。

実を言うと、そういう方も貴い働きをしているのです。

ただ、ご自分がやっている仕事の貴い働きについて教わっていないから、「たいしたことしてなくて」と思っているのではないでしょうか。


この世の中には、いろんな仕事があるのですが、どの仕事にも共通する、貴い働きがあります。

それは何かというと「お金を儲ける」ことです。


たとえば、商人の場合、お客さんが喜ぶ商品やサービスを販売することによって、「お金を儲ける」という貴い働きをしています。

編集者の場合は、人に喜ばれる本を作ることによって、「お金を儲ける」ことをしています。

美容師の方は、お客さんの髪を切ったり、パーマをかけたり、お客さんが喜ぶへアスタイルを提案することによって、「お金を儲ける」ことをしています。

YouTuberさんは、みんなが喜んで「また見たい」「友だちにも見てもらいたい」と思うような動画を配信することによって「お金を儲ける」ことをしているのです。

正社員だろうが、パートさんだろうが関係ありません、仕事と名のつくものはすべて、「お金を儲ける」という貴い働きを伴うのです。

専業主婦の方も、仕事をしているだんなさんのために食事を用意したり、家のことをやっているでしょう。それをやることによって、間接的に「お金を儲ける」という貴い働きをしています。

仕事をしている人は全員、貴い働きをしているんだと、私は思っているのです。

そして、私自身のことを言うと、「お金を儲けることはわが使命だ」そう思いながら仕事を続けてきました。

それは、私たちが「儲ける」ことによって、この国は成り立っているからです。

北は北海道から南は沖縄まで、どこにいても、病気の治療にかかる費用の大半を「国が負担してくれる」と思っている方が多いのですが、あれは、私たちが収めている社会保険の保険料や、税金でまかなっているのですよ。

国や自治体が学校を建てたり、道路を整備したり、介護支援などの福祉ができるのも、そうなんです。

私たちがお金を儲けて税金を納めないと、この国は成り立たないのです。

逆に言うと、この国が成り立っているのは、あなたが「お金を儲ける」という貴い働きをしているからなんです。

あなたは、そのように貴い働きをしている自分自身に「お金をあげる」ということをしていますか？

がんばった自分に一円もあげないのは「自分を愛していない」ということです。それを神さまは一番残念に思っているんです。

がんばった自分へのごほうびとして、たとえば、フレンチのフルコースを食べに行くのもいい。ブランドもののバッグや靴を買うのもいい。

それから、わが子がのびのびと育ち、自分も庭で花を育てたり、好きなことができたりする家が欲しいから仕事をがんばりますとか、海外旅行に行きたいから稼ぎます、とかいうことも、当人にとっては〝大切なこと〟だと思います。

「欲しい物が手に入った」こと、「夢が叶った」ことだけが〝大切〟なのではありませんよ。

欲しいものを手に入れたり、夢が叶うまでの過程に「自分のお金が増えて、段々と目標金額に近づいていく喜び」があったり、「自分の思ったことをやりながら、夢に一歩ずつ近づいていく楽しさ」があったり、いろんなことがあるのです。

そういう過程も含めて考えると、お値段以上の何かを私たちに与えてくれる。

そういう意味で、人生を豊かに彩ることにお金を使うのは、私は大賛成です。


ただね、生きていると、人生を豊かにしてくれる〝楽しみ〟以外のことでも、お金がいるでしょう。

だから、私は、人生の楽しみを一個ずつ増やしていくと同時に、

「自分が稼いだお金の一部を、自分にあげる」

つまり、お金を貯めることもやったほうがいいと、思っている人なんです。


もちろん、これは、一人さんの個人的な意見なんですよ。これが「正しい」と言っているのではありませんからね。

いろんなものを買った結果、自分が稼いだお金が一円も残っていない、すべて自

分の〝楽しみ〟に使ったということは、自分のお金をフランス料理店にあげたり、かばん屋さんや靴屋さんとか、他の人に全部あげたりしてしまったんですよね。

というふうに、私には見えるんですよ。

そして、自分大好き人間の一人さんとしては、人にはあげてばかりいて自分に一銭もあげていないことに納得がいかないのです。

なぜなら、それは自分を大切にしていないことだから。

自分は、〝ジブン〟という会社の社長さんなんだと思ってみてください。

社長というのは、従業員が毎日、貴い働きをするために通勤ラッシュに耐えて職場に通い続けていたり、日々の業務を楽しむ努力をしていたりすることに対して、お給料を払う、それが社長の日常業務なんですよ。

自分が稼いだお金を全部、使ってしまうのは、お給料を払っていないのと同じなんです。自分の貴い働きと、日々の努力の対価を払っていないんだよね。

そのことを「自分を愛していない」と言うんです。

そして、「自分を愛さない」「自分を大切にしない」ことを、神さまは残念な思いで見ているかもわかりません。

もちろん、神さまは、自分自身をかわいがらない人のことも愛しているんですよ。

よく「できのよくない子どもでも、親にとってはかわいくてしょうがない」という話を聞きますが、それと同じです。


ただね、時々、立ち止まって考えてみるのもいいと思うのです。

自分の貴い働きと日々の努力の対価を払おうとしない生き方を続けていていいんだろうか、それで自分は豊かになれるんだろうか、って。

そうすると、それまで見えていなかったことが見えてきたり、するからね。


その結果、たとえば月々の収入から一万円を自分にあげることにしたのであれば、

「自分は一万円のお金持ちになった」

と、自分自身に言ってみてください。

そうすると、「自分はお金を持っているんだ」という、豊かな波動が自分のなかからあふれてきます。

このように豊かな心を持つ人のところに、お金が集まり、豊かな人生を呼び寄せますよ。

人間の仕事をＡＩができるようになってきましたが、基本的なことを忘れてはいけないですよ。あなたを雇用している社長さんはＡＩですか？

ＡＩ（人工知能）というものが誕生して、私たちの生活はずいぶんと便利になりました。

その一方で、「人間がしていた仕事がＡＩにとって代わるのではないか」と心配する声が最近、あちらこちらで出てきています。

そして、「そういう世の中になっても、自分は選ばれる人間でありたい」と思う人たちが、何かスキルを身に着けようとやっきになっている、という話を聞きました。

スキルを身に着けようが、着けまいが、あなたの思った通りにすればいいのです。

ただし、みなさんに思い出してもらいたいことがあるのです。

それは、あなたの会社の社長さんや上司はＡＩですか？　ということです。

なぜ、そういうことを一人さんは言うのかというと、理由がふたつあります。

ひとつ目は、あなたが心配していることは起きないと気づいてほしい、ということ。もうひとつは、人間は〝好き嫌い〟でものごとを判断する生き物だ、ということを覚えておいてほしいのです。

確かに、これからはＡＩがやってくれる仕事が増えていくでしょう。だから、ＡＩにできない何かを自分たちは身につけなくちゃ――そう思うのは当然のことだと思います。

ただ、社長さんや、上役の方が「この人間を採用しよう」とか、「この人間を出世させよう」とか思う決め手は、スキルや才能よりも、社長さんや上役の好みなんです。社長さんや上役に好かれるかどうかなのです。

では、社長さんや上役に好かれる従業員とは、どのような人なのか。

ひと言でいうと、〝感じのいい人〟です。

雇われる側からしたら、「なんだ、そんなものでいいの？」と言いたくなるかもしれないのですが、意外とそんなものなのです。だけど、会社でも、何でも、〝そんなもの〟が意外と重要なんです。

たとえば、上役の方が従業員に「これ、コピーとってきてください」とか、「悪いけど、お弁当、買ってきてくれない」とか、ちいさなことを頼むことがあります。

そのとき、頼まれた人が、あーとか、うーとか言ったり、ブスっとした顔になったりすると、上役の方は「ウッ！」ってなります。

そうすると、「ウッ！」ってなった上役は、その人に今後、お願いごとを頼みづらくなってしまう。どんなに、素晴しいスキルがあっても、感じがよくない人には頼みづらいのです。

そういう人よりも、「はい、わかりました！」と、感じよく頼みごとを引き受けてくれる人のほうが、上役にとってはめちゃくちゃありがたいのです。

だから、上役は、ちいさなことでも、感じよく引き受けてくれる人に、「あれをお願い」「これもお願い」と、いろいろな頼みごとをします。

一方の頼まれた側の人は、感じよく頼まれごとをやっていくうちに、コピーをとるコツをつかんだり、書類のとじ方ひとつとっても、どんなふうにとじたら、同じ職場で働く人たちが使いやすいのかがわかったりと、基本的な仕事を覚え、やがて

「もうひとつ上の仕事」を頼まれるようになります。

そして、社長が「この大きなプロジェクトを誰に任せようかな」と考えごとをしているときに、同じくらいの能力やスキルをもつ従業員のなかから誰を選ぶかというと、感じのいい、あなたの顔が誰よりも先に思い浮かぶのです。

「感じがいい人」かどうかは、あいさつと返事で決まるんです。

東京の新小岩にある、一人さんファンが集まるお店「ひとりさんファンクラブ」の常連さんのなかに、大学生の男の子がいました。彼は大学を卒業した後、とある企業に就職したのですが、職場の先輩や上役にかわいがられ、将来の幹部候補として社長から一目置かれるようになった、ということで、お店のほうへ、お礼を言いにきてくれたことがありました。

「一人さんが提案してくれた〝あそび〟が、会社で役に立っています」

彼はそう言っていた、とのことでした。

ちなみに、彼が言う「一人さんが提案してくれた〝あそび〟」とは、何か。

実は、あいさつなんです。

芸能人の方は、スタジオや撮影現場に入るときに、昼夜関係なく、明るく笑顔で、「おはようございます！」と、あいさつをするでしょう。

「ひとりさんファンクラブ」の常連さんたちも、自分が芸能人になったつもりで、明るく笑顔で「おはようございます！」と言いながらおじぎをして入店する、という〝あそび〟をやっていたことがありました（今は、常連さんたちは、新しい〝あそび〟に夢中です）。これが、社会人になったときに、とても役に立ったのだそう。

というのは、社会人になって初めて受けた研修で、一番最初に習ったことが、あいさつだったから、とのことでした。

そう、社会に出て実際に役に立つのは、あいさつと返事です。

そして、出世の極意も、あいさつと返事なのです。


出世の極意は、感じのいい〝あいさつと返事〟なんです。


感じのいいあいさつと、返事ができる人は、職場の先輩や後輩、上役とも、いい関係を築くことができます。

加えて、先ほども話した通り、感じのいい返事とあいさつができる人は、上役や社長さんからの頼まれごとが多くなります。

「頼まれごとが多い」ということ自体が、会社の役に立っている、お給料以上の働きをしていることの証《あかし》です。

上役や社長さんが「この人には、ちょっと頼みづらいな」と思うような人は、もしかしたら、「みんなと同じお給料で自分が頼まれごとをするのは、ちょっと損をしている」ような気がしているのかもしれません。

そういう考えかただと、明るく元気に「はい、わかりました」と返事をすることが、なかなかできなくなってしまうのも当然と言えば当然なのかもしれません。

でもね、この世の中には「円の法則」というのがあるんです。

「円の法則」とは、たとえば、やまびこという現象がありますよね。

山のてっぺんやなんかで「ヤッホー」と言うと、その響きがふわぁーっと広がって、やがて、その反響が自分のところへ戻ってくるでしょう。

それと同じように、自分が出したものはブーメランのように円を描いて戻ってくる、めぐりめぐって、やがては自分のところへ戻ってくるようになっているのです。

人が嫌がるようなことをすれば、それが自分のところへ戻ってきます。喜ぶことをやっていれば、それが自分の喜びとなって返ってくるのです。わかりますか？

つまり、自分が出したものが、帰ってくるのです。

だから、まず、相手が得をするようなことを先に行うのがいいですよ、と言いたいです。

相手に得をさせると言っても、お休みもお給料ももらわないで働くとか、そういうことは法律で認められていないから、やっちゃダメなんですよ。

何か頼まれごとをされたら、感じよく返事をしてやってあげるとかね、その程度のことでいいんです。

そういうことをしていると、「円の法則」により、相手に与えた得が、やがては、ブーメランのように自分のところへ必ず戻ってきます。

これがどんなに時代が変わっても、変わることのない、普遍の成功法則なんです。

魂の夜が明けたとき、人は何に価値を見いだすのかというと、魂的魅力なんです。

新型コロナウィルスが大流行したのがきっかけで、それまで対面でしか買い物をしなかった、上の年代の人たちも、ネットで買い物をするのが当たり前になってきました。

ネット上に開設したお店、ネットショップの数は年々増え、その売り上げも伸びているそうです。

だからと言って、「ネットショップを作らないとダメだ」というわけではないんです。現実に、対面で商売をしている個人商店でも、がんばっているところもあるんですよね。

もちろん、時代の変化に対応していくことも大切ですよ。ただね。

私が言いたいことはね、「自分はこれができないからダメだ」とか、「あれがないから自分はダメだ」とか、ないもの、できないことを、ダメな理由に使っちゃいけませんよ、ということなんです。わかりますか？

「自分たちの強みをもっと生かして成功する方法ってなんだろう」って、考えるんです。

対面で商売しようが、ネットを使って商売しようが関係なく、儲かること＝喜ばれることを考えていかなきゃならないし、また、どういうふうに自分たちの強みを生かそうと、それを実践する人間に魅力というものがなきゃいけないんです。

昔は、学歴とか、肩書とか、財産とか、物質的なものにあこがれをいだく人がたくさんいましたが、これからは、そこにあぐらをかいているわけにはいかなくなってくるんです。

なぜなら、今まで眠っていた魂たちが、どんどん目覚めてきているからです。世間の常識、というフィルターにかけてものごとを判断するのをやめて、魂で見て聞いて判断する人が段々と増えてくるのです。

そうなったとき、人は何に価値を見出すのかというと、魂的魅力なんです。

魂の輝きが、しっかり出ていれば
周りが〝上〟にあげてくれるんです。

これからは魂的魅力があるかどうかが大事になってくると言ってもね、そんなに難しい話ではありませんよ。

自分を愛して他人を愛します
優しさと笑顔を絶やさず
人の悪口は決して言いません
長所をほめるように努めます

これは、私が恵美子さんと知り合って間もない頃に教えた「白光の誓い」です。

魂的魅力とは、この「白光の誓い」そのものなんです。


自分は「白光の誓い」にそって生きよう、そう思った時点で、その人のなかから魂の輝きがあふれてきます。

あの文言を声に出して読むだけでもいいんです。

あの文言を発していると、言葉の響きが段々と自分のなかにたまっていき、あなたのオーラが、輝きが、以前と違ってきます。


そうすると、どうなるかというと、たとえば、部屋の照明は、たいがい、天井であるとか、頭よりも上に設置されていますよね。太陽も、頭の上で輝いているでしょう。

それと同じで、人間も輝いていれば〝上〟にあげてくれる人が出てくるんです。

周りの人たちが放っておかないのですよ。

「この人間を出世させたい」とか、「成功させてやりたい」と考えて、引き上げてくれるものなんです。

部下になめられるのは、やさしすぎるからだ、それって、本当に本当ですか？

「一人さん、自分を愛して他人を愛して、長所を見つけてほめるのは、リーダーとしては、どうなんでしょう？　部下を引っぱって行くには、やさしすぎるんじゃないでしょうか」

以前、ある女性の方から、このような質問をされたことがあります。

リーダーというと、部下を引っぱっていく、そんなイメージがあるのかもしれないけれど、この世の中には、いろんなリーダーがいるんです。

しっかり者で部下を指導するのが上手なリーダーもいれば、逆に自分が自由で部下に対しても自由に伸び伸びとさせるリーダーもいます。あるいはまた、そそっかしいところがあったり、ツッコミどころが満載なんだけれど、なぜか部下に慕われてリーダーになった人もいます。

さらに言うと、私のお弟子さんのなかには、やさしくてスタッフにもお客さんにも愛されながら社長を何十年とやっている人がいるんです。ということは、やさしいからリーダーになれないわけではないんですよね。

私は、質問をくれた女性が、やさしい性格が原因で何か困った問題が起きているのかどうか確かめたくて、彼女に「やさしいことで、どんな不都合があるのかな」と、たずねました。すると、彼女は私にこう言ったんです。

「私はしっかり者ではないし、人を指導するのも苦手なんです。やさしくすることしかできなくて。そのせいか、私、なめられちゃうんです」

私は、彼女にこう言いました。

「あなたは、やさしいことはよくないことだと思っているようだけど、そんなことはないですよ。

最近の高校野球でも、駅伝でも、見ていると、部員に対して怒らず、やさしい監督が率いるチームが優勝したり、ベスト8に入ったりしているじゃない？」

彼女は「はっ」とした顔をして、こう言いました。

「なめられるのは、やさしいからではなく、他に原因があるんですね」

「あなたがそう思った、ということは、それが、あなたにとっての答えだね」

私はそう言って、彼女にこんなアドバイスをしました。

「これからする話は、あくまでも参考意見だよ。

一人さんだったら、どうするかというとね、オレの場合は、まず、何がいけなかったんだろうって、〝犯人探し〟みたいなことは絶対にしないんだよ。

それよりね、やさしい自分のままで、みんながついていきたくなっちゃう、そういう組織を作ることを考えるんだよ」

「みんなを引っぱって行く」のに向いていなければ、「みんなとともに行く」リーダーになればいいんです。

すでに知っている方も多いと思うのですが、〝一人さん〟という人はちょっと変わっているんです。

たいがいの人は、「リーダーにふさわしい人間になる」とか、「社長にふさわしい人間になる」という目標をかかげて、「ああ、自分にはこれが足りない、あれが足りない。これができるようにならなきゃいけないし、あれもできなきゃいけない」と考えると思うのです。

実際、そのように考え、自分をリーダーにふさわしい人間に改良できた人は、うまくいきます。

ただね、人間って、いろんな人間がいるんですよ。

「リーダーにふさわしい人間」であるとか、何かの枠に、自分をはめこもうとすると苦しくなってくる、そういう人がいます。

実を言うと、私が、まさにそういう人間なの。

私の場合は、たとえば、同じことをずーっとやり続けるのが苦手で、すぐ退屈してしまうんです。ひとつの所にじっとしていることもできないんですよ。だから、私は、自分の会社にすら、めったに行かないのね。

一般的に、社長は自分の会社の社長室にデンと座っている、そういうものだと思われているからなのか、「社長は会社に行かないといけない」と思っているでしょう。一人さんはそうじゃないのです。前提から変わっているのね。

まず前提が、自分は、めったに自分の会社に行かない社長なんだ、と。
そんな自分が社長になって繁栄する会社を創るんだ、と。
そのために、いま、自分ができることって何だろう。
ということを考えます。

前項で紹介した話――「自分はやさしくすることしかできないから、なめられるんです」と言っていた女性に、私が「やさしい自分のままで、みんながついていきたくなっちゃう、そういう組織を作ることを考えるんだよ」と言った――というのは、そういうわけなんです。

私に質問してくれた女性は、みんなを引っ張っていくタイプのリーダーと、やさしくすることしかできない自分とを見比べて、「みんなを引っ張るリーダーって、すごいな。私なんて」って、思っていたって言うのね。

でもね、「人を引っ張って行くのは、自分に向いていない」と思ったら、みんなを引っ張って行くリーダーになろうとしなくていいんです。
みんなとともに行くリーダーになればいい。
やさしい気持ちがあふれ出た指導をして、みんながついてくる。
そういう組織を作ればいい。うまくいくんですよ。

気の強い人は、その気の強さを使って、
人の幸せに貢献すればいい。
気の弱い人は、そのやさしさで貢献できるんです。

新小岩の「ひとりさんファンクラブ」で、昔、そのお店の常連さんたちが夕方過ぎに集まって〝ひとりさんレシピ〟と呼ばれる料理を自分たちで作って食べたり、飲んだりしていたことがありました。
〝ひとりさんレシピ〟なんて言ってもね、ホットプレートで、ひと口大にきった野菜を焼いたものなんだけどね。結構、みんなで盛り上がっていました。

その〝ひとりさんレシピ〟を食べていた人が、ある日、興奮して私にこう言った。

「一人さん、一人さん、私、昨日、丸の内のホテルの鉄板焼きレストランで食事をごちそうになったのですが、これは〝ひとりさんレシピ〟といっしょだ！　と思いました」

その人曰く、ホテルのレストランでは〝ひとりさんレシピ〟と同じように、ニンジンならニンジンだけ、キノコならキノコだけ、お肉ならお肉だけを焼いてお客さんに食べさせてくれたのだそうで、

「私たちに、ホテルの鉄板焼きレストランで食事している気分を味わってもらおうと考えたのが〝ひとりさんレシピ〟だったんですね」

と、その人は言ってくれたのですが、実はそうではないのです。

ニンジンならニンジンだけ、キノコならキノコだけというように、ひとつの食材

を調理して食べる〝ひとりさんレシピ〟を、私が考案したのは、食材ひとつひとつに個性があって、みんな味が違うからなのです。

ひとつひとつの食材に、神さまが創った〝神さまの味〟がある。この〝神さまの味〟を食べてもらおうというのが〝ひとりさんレシピ〟のコンセプトなんですよね。

私のこの考えかたは、人に対しても同じです。

私には一〇人のお弟子さんがいるのですが、それぞれに個性がある。その個性は、神さまがくださった〝神さまの個性〟だと私は思っているんです。

だから私は、お弟子さんたちに対して、ニンジンとキノコをいっしょに炒めて、これを加えてあれも加えて、ということを、しませんでした。

各自が、自分の個性を磨き、一人ひとりが輝くことを、私は願ったのです。

読者のみなさんに対してもそうです。

一人ひとりが輝くことを、私は願っています。

だから、「私は、気が弱いんです」という人に対しては、「その性格のまま、あなたのままで、幸せになれるよ」って、私は言うのです。

気が強い人に「弱くなれ」と言ったところで弱くなることはできません。
気の弱い人間に「強くなれ」と言ったところで、それもまたできないのです。

それよりも、気の強い人は、その気の強さを使って、みんなを幸せのほうへ導くことであるとか、人の幸せに貢献できることがあるんです。
気の弱い人は、やさしい人なのです。そのやさしさを使って、周りの人の幸せに貢献できることがあるのです。

ですから、〝自分らしさ〟を引っ込めることはありません。
もっと〝自分らしさ〟を生かせばいいのです。

やさしすぎるあなたのままでいいんです。そのままで、「断言する」ことを心がけてみてください。

やさしい人が、そのやさしさを使って、周りの人の幸せに貢献しよう、そう思ったときに、ひとつ心がけておくといいことがあります。

それは何かと言いますと、「断言する」ということです。

たとえば、あなたが飲食店をやっているのだとしたら、

「うちの店のおすすめはコレです」

と断言するのです。

「何でもおいしいです」ということを言っていると、お客さんが迷ってしまいます。

ですから、「おすすめは一点、コレです」と断言するのです。

これをやっているのが、たとえば中華料理のチェーン店「餃子の王将」さんです。「餃子の王将」と書かれた看板を見て、餃子を食べたくなって店のなかに入ってくるお客さんがいるんです。

ところが、席について メニューを見たら、餃子以外に、チンジャオロースもある、麻婆豆腐も、ホイコーローもある、いろんなものがあるんですよ。

そうすると、お客さんは「餃子と麻婆豆腐にしよう」とか、「餃子を食べたかったけど、チンジャオロースがおいしそうだから、これにしよう」とか、お客さんが決めることができるんですよ。わかりますか?

最終的に決めるのは、お客さんなんです。ただし、お店の人は、お客さんが判断しやすいように「当店のおすすめはこれです」と断言するんです。じゃないとお客さんは迷っちゃうからね。

そう、「断言するクセをつける」ことは、やさしさの表現でもあるのです。

だから、もし自分がまるかんのお店をやっていて、お客さんに「こちらのお店では、どの商品がおすすめですか？」と言われたら、自分の一番のおすすめが〝ひとりさん青汁〟だとしたら、

「〝ひとりさん青汁〟です！」

と断言するのです。

お客さんは、接客しているあなたに「どれがおすすめですか？」と聞いているのだから、あなたが実際に使ってみて「これはいい商品だ」と思ったものをすすめるのです。

それを、「どれでもいいですよ」とか、「うちの商品はすべて、みなさんに喜ばれています」と言うのは、お客さんの質問に答えていません。

そうではなくて、

「私のおすすめはこれです！」

そうやって断言するクセをつけるようにしたほうがいいのです。

お店をしていようが、いまいが、リーダーであろうが、なかろうが、自分の意見を発表することがあると思います。

とくに、今の世の中では自分の意見を持っているかどうか、「私はこういう考えを持っています」とはっきり言えるかどうかが重要視されるようになってきています。

そのときに、「私はこういうふうに思うかな?」というような、あいまいな言いかたでは、相手には伝わらないし、何より、「この人は自分の発言に責任をとりたくない人なんだな」と相手の人に思われかねない。

だから、たとえば、「世の中よくなるんですか、どうですか?」と、聞かれたら、

「よくなるに決まっていますよ」

と、断言するように心がけるんです。

「私たち人間は成長するし、社会もよくなるんです」

自分が伝えたいことを、断言するように、ちょっとだけ心がけてみてください。

これからお金について知っておくべきことは「人は老いる」ということです。

この話で、一人さんのパートは終わりです。

これから「お金について知っておくべきこと」を話します。

話の内容はいたってシンプルです。

「お金について知っておくべきこと」とは「人は老いる」ということです。

人は、若いときの状態で一〇〇歳になるわけではないんです。

年々歳々、二〇代の頃に使っていた化粧水の量では足りなくなってくるんです。

だから、「人は老いる」ということを頭に入れてください。

そして、たとえば「それでも一〇〇歳になっても自分は元気に働いていたい」とか。「それでも一〇〇歳になってもモテたい」とかね（笑）。

「それでも一〇〇歳になってでも自分の足で、好きなところに行きたい」とか。
自分がこうなりたいイメージをするんです。
イメージをすると、「だったら、自分は今、何をするべきなのか」が見えてきます。
「人生一〇〇年時代を豊かに生きたい私は、今、何をするべきか」
この問いの答えは、一人ひとり違うと思います。
ただ、どんな人生を希望するにしろ、自分を愛することを忘れないでください。
なぜなら、それが〝豊かな人生〟の第一歩だからです。

第三章

好きなことをして生きていきたいあなたへ

斎藤一人
柴村恵美子

好きなことをすれば成功するわけじゃない。ガマンをする人は成功できないわけじゃない。肝心なことは、人の役に立つことなんだよ（一人さん）

恵美子さん　最近、「どうしたら、恵美子さんのように、自分の夢を叶えることができますか？」「自分のやりたいことで成功するために、どんなことをしたらいいですか？」と質問されることが多いんですね。

それは、たぶん、「楽しいから成功した」ということを言い続けてきたからではないかと思っているんですよ。

一人さん　間違いなく、そうだと思うよ。恵美子さんを見ていると、楽しそうだからね。

恵美子さん　それは一人さんの教えがあったからですよ。

一人さん　オレは昔から恵美子さんたちに、「やりたいことがあったら、すぐ、やるといいよ」とか、「好きなことは、ガマンはしちゃダメだよ」と言ってきたじゃない？　それは、好きなこと、やりたいことをやれば、成功できるから「やってごらん」と言ったのではないんだよね。

恵美子さん　好きなことをやりさえすれば、成功するとは限らない、ということですね。

一人さん　そうそう。成功や幸せは、自分の能力や、やりたいことが、どのくらい人さまの役に立っているか、なの。

世の中には、嫌なことに耐えながら成功する人もいるんだよ。そういう人は、人の幸せに貢献しているからなんだよ。

自分の好きなこと、やりたいことで成功したい人も、人の幸せに貢献すればいいんだよ。自分の好きなこと、やりたいことで人に貢献すればいいの。

恵美子さん　人の幸せに貢献していると、心が豊かになって、その心が社会的な成功を呼び寄せるんですよね。

一人さん　人の幸せに貢献することから外れなければ〝神さまの仕事〟だからね。

恵美子さん　ただ、人の幸せに貢献するときに、一人さんは「まず、自分の身近にいる人たちから貢献しなさい」って言うじゃない？

一人さん　自分にとって一番身近な存在は自分だから、自分の幸せに貢献するんだよ。じゃあ、「自分の幸せに貢献する」って何ですかと言うと、自分が自分自身を否定しないことだよな。

恵美子さん　だから私も、自分の夢を叶えたい人たちには、まず「そのままで大丈夫」という言霊を伝えるようにしているんですね。

夢を叶えるために努力するなら、この言霊を唱えながらやるといいですよ、って。

一人さん　マイナスの数字に、一万だろうが、一〇万だろうが、どんな数字をかけてもマイナスになっちゃうのと同じで、自分自身を否定していると、どんなに努力をしても、なかなか実らない。だから、「そのままで大丈夫」と唱えるんだよね。そうすると、言霊の魔法でプラスに切り替わるからね。

「私はがんばって苦手を克服するんです」と執着するより、このままの自分で幸せになることを考える、それで成功するのが〝魂の時代〟なんです（恵美子さん）

恵美子さん　自分を否定しない、ということのなかで、ひとつ思い出したことがあるんです。

ふつうは、「自分はこれが苦手だから、がんばって克服しなきゃ」と考えるんだけど、一人さんは「苦手を克服しようとするよりも、苦手なことがある自分のままで幸せになることを考えればいいんだよ」って言ってくれましたよね。

一人さん　「苦手なことのある自分のままで幸せになることを考える」という話はね、オレ自身が中学しか出ていないうえに、勉強をする気もなかったからなんだよね（笑）。

このままの自分で行くしか選択肢はなかった。だから、オレは「そのままで幸せになること」を考えながら、たくさんの人に助けられ、成功していったんだよ。

だからオレは、恵美子さんたちにも「そのままの自分で幸せになること」を考えてごらん、って教えたんだよね。

恵美子さん　「そのままの自分で幸せになる」というのは、たとえば、私は子どもの頃から、じっとしているのが苦手で、あだ名が「チョロまつ」だったの。一人さんと知り合う前の私は「もっと落ち着いて行動しなきゃダメだ」と思っていたのね。ところが、一人さんは「恵美子さんは落ち着きがないのではなくて、アクティブなんだよ」って言ってくれた。

これが、「そのままの自分で幸せになること」の一例ですね。

一人さん　世の中を見ていると、長所を欠点だとカン違いしている人がいるんだよね。

どうしてカン違いするのかというと、言葉なんだよ。

たとえば、「落ち着きがない」と言うと、それが欠点であるかのような気がするんだよ。だけど、「アクティブなんだ」と言えば、マイナスのイメージはないんだよね。

恵美子さん 一人さんの指導のおかげで私はアクティブに、全国を飛び回って仕事をしたり、ＹｏｕＴｕｂｅでいろんなことに挑戦したりと、伸び伸びやってこれました。もし、一人さんと知り合っていなかったら、今の私はなかったかも。

大きい志を持つと、大きな智慧が与えられるという宇宙の摂理にしたがってやってきたから、オレには苦労がないんだよね（一人さん）

恵美子さん 私にとって、一人さんはやっぱり、すごい師匠なんですよね。

一人さんの何がすごいかというと、たとえば一人さんは私を含め一〇人の弟子たち全員に「そのままでいい」と言い続けて、苦手なことを克服させなかったんです。その結果、全員、億万長者になった。これって、すごくないですか？

一人さん　オレの自力だけでやった、というのであれば、確かにすごいよね。

恵美子さん　それって、どういうことなの、一人さん。

一人さん　斎藤一人という、一個人の力だけで、みんなを億万長者にしようとしたら、こうはならないよ、ということだよ。

恵美子さん　自分以外の力を借りた、ということなの？

一人さん　そう。「大きい意志を持つと大きな智慧が与えられる」という、宇宙の摂理があるんだよ。

一人ひとり違う個性を持ったお弟子さんたちを全員億万長者にする智慧を、オレが出したのではなくて、与えてもらったの。だから、オレには何ひとつとして苦労がないんだよ。

恵美子さん　ちなみに、一人さんが抱いた大きな意志って、どんな意志だったんですか？　それから、どんな智慧を誰からもらったの？

一人さん　ひとつずつ、答えていくね。

まずは、オレがどんな意志を持っていたのか、という話からするよ。

みんなと出会う前の一人さんは、なぜか、自分はお金持ちになると思っていたんだよね。それが、恵美子さんだとか、うちのお弟子さんと知り合って、「みんなが億のお金を持てるようになってほしい」と思ったの。

恵美子さん　それが、一人さんの大きい意志、大志だったんだ！

一人さん　だって、うちのお弟子さんたちって、みんな明るいし、弱い者いじめもしないし、困っている人がいたら助けようとするし、みんな〝いい人〟だからね。

恵美子さん　私をはじめ、まるかんの社長たち（一人さんの直弟子）は、こんなふうに一人さんからたくさんの愛を受け取っていたんだね。

今の一人さんは、取扱店さんやそのお客さんのためにも、いろんなことを考えている。一人師匠は、すごいなあ。

浜辺に打ち寄せる波も、同じ波は二度と来ない。松の木も、同じ形のものはないんだよ（一人さん）

一人さん　次の質問は、大きい意志を抱いた一人さんはどんな智慧をもらったのか、という質問だったね。

いただいた智慧は山ほどあるけど、そのなかで一番大切な智慧を教えるね。

それはね、神さまが創ったものに、同じものはひとつもない、ということなの。

それを、全部、同じにしようとすると、苦労しちゃうんだよ。

恵美子さん　人間は神さまが創ったもので、一人ひとり違うように創ってある。それを同じものにしようとするのは、途方もないチャレンジで、苦労なんだ、ということなんですね。

一人さん　やられるほうも、たいへんな苦労だよ。自分以外の誰かになろうと必死にがんばった結果、疲れきって一生を終えることだってありうるんだよね。
そんな人生は、オレはごめんだね。
第一、神さまからもらった、この個性を、一人さんは愛してる。

恵美子さん　私も、おっちょこちょいな自分が好きだなあ。

一人さん　人というのはね、誰だって、得手不得手があるんだよ。暗闇が怖いとか、ゴキブリが怖いとか、何かあるんだよな。

恵美子さん　それを克服したところで、ふつうになるだけ、かもしれないしね。

一人さん　それもあるけどね、みんな、一人ひとりが個性的なんだから、〝ふつうの人間〟という人間は、有史以来、どこにも存在しないんだよ。

浜辺に打ち寄せる波も、同じ波は二度と来ない。松の木も、同じ形のものはないよね。そのなかで幸せになろうと思ったらね、まずは「同じものはない」という事実を受入れること。そして、「そのままの自分で幸せになる」ことを考えたり、やればいいの。

恵美子さん　「そのままの自分で幸せになること」と言うと、たとえば、私の場合、お風呂に入っているときに「あぁ、幸せだなぁ」って思うのですが。

一人さん　お風呂もいいし、自分が好きなこと、やりたいことをやると幸せになるよね（法律にふれるようなことはダメですよ）。

それから、人というのは、誰かに喜ばれると最高に幸せになるように、天の神さまが創っているんだよね。だから、〝ちいさな徳の積み立て〟もいいよね。

恵美子さん　〝ちいさな徳の積み立て〟をやっていると、周りの人に喜ばれますもんね。それにしても、「そのままの自分で幸せになること」って、結構たくさんありますね。

一人さん　そうなんだよ。「そのままの自分で幸せになること」って、いろいろあるんだけど、成功したかったらね、「自分だけは」という言葉を使うといいんだよ。

成功したかったらね、「自分だけはうまくいく」という意志を持つの（一人さん）

恵美子さん　「自分だけは」って何ですか？

一人さん　「自分だけはうまくいく」「自分だけは成功する」とか、「自分だけは～できる」という意志を持つの。この意志が、自分の役に立つの。

たとえば、一人さんの場合、ちっちゃい頃から「病気が仕事」というくらい、病気ばかりしていて、周りの大人たちは「この子は二〇歳まで生きられないだろう」と言っていたの。ところがオレはそうは思わなかったんだよ。

「自分だけは元気になって長生きするんだ」

そう思っていたんだよね。

恵美子さん　大人たちの意見に、全然負けなかったんだ、一人さんは（笑）。

一人さん　恵美子さん、そこなんだよ。周りの人がいろいろ言おうと、自分は長生きするんだ、という意志が、自分の幸せに貢献してくれるんだよ。

恵美子さん　自分で自分の心に灯をともしてる、鼓舞していますもんね。もし、一人さんが、周りの意見に引っ張られてしまったら、〝まるかん〟はなかったかもしれない。

一人さん　スポーツ選手も、「自分だけは金メダルをとるぞ！」という意志を持つからこそ、金メダルという高い山を見ても圧倒されないで、努力を重ねていこうとするんだよ。

恵美子さん　つまり、「自分だけは〜できる」という意志を持つことによって、人は自分の夢に向かって一歩前に行ける。挑戦することができる。

一人さん　だから、たとえば、少し前までは「成功するには大学へ進学しないといけない」とか言われていたじゃない？

ところが、一人さんの場合、中学を卒業して社会に出たけれど、「自分だけは成功する」と思っていたの。それも、「人に愛されるお金持ちになることが、オレだけはできる」と思っていたんだよね。

恵美子さん　そうやって「自分だけはできる」という意志を持ち続けた結果、一人さんは、思った通りの現実になりましたね。

一人さん　それは、「一人さんだからそうなった」のではないんだよ。恵美子さんにも起きたんだよ。この本を読んでいる、みんなにも起きることなんだよ、って言いたいの。

恵美子さん　私たちにしか起きないことだったら、人に伝える必要がありませんもんね。

「自分だけは～」という意志を持つと、目には見えない他力が働きだすの（一人さん）

一人さん　「自分だけは～できる」という意志を持つことで、自分の役に立つことが他にもあってね。それは何かというと、自分の能力が開発されるんだよ。

恵美子さん　それは、どうやって開発されるの？

一人さん　日本の先人たちは「神さま、仏さま、ご先祖さまの〝お陰さま〟」と言ったんだよね。人は自分一人で生きているようだけど、目には見えない〝お陰さま〟とともに生きていると思っていて、「〝お陰さま〟で、無事一日が終わりました、ありがとうございました」そうやって感謝して生きていたの。

この〝お陰さま〟には、神さま、仏さま、ご先祖さまの他に、守護霊や指導霊がついているの、恵美子さん、知っているでしょ？

恵美子さん　はい、守護霊は魂の成長を見守り、サポートしてくれて、指導霊は、その人が目指しているところへ導いてくれるコーチのような存在ですよね。
守護霊の場合はたいがい、今世、生まれてから死ぬまで同じ守護霊がついていてくれる。指導霊の場合は、志を高く持てば持つほど、グレードの高い指導霊に切り替わるんですよね、一人さん。

一人さん　その通り。「自分だけは～できる」という意志を持つと、能力が開発されるのは〝お陰さま〟が味方をしてくれるからなんだけど、ことに、守護霊、指導霊の応援がすごいんだよ。
守護霊は猛然と働きだして、その人が成功するために必要な情報を持っている人物を呼び寄せたりするんだよ。指導霊は、ものすごい優秀な指導霊に切り替わるの。

恵美子さん　優秀な指導霊に切り替わったら、能力が向上するし、専門的な知識が豊富になる。ということは、さっき一人さんが言っていた、「大きい意志を持つと大きな智慧が与えられる」という話は、指導霊さんがグレードアップしたということなの？

一人さん　そうだよ。大きい意志を持つと、あなたにつく指導霊がグレードアップするだけじゃない。あなたについている守護霊も、あなたのために働きだすんだよ。「自分だけは～できる」という意志を持った場合も、そうなの。守護霊や指導霊が活躍してくれるようになっているんだよ。

恵美子さん　それなのに、ほとんどの人は、たった一人しかいない自分なのに、「みんな」といっしょにしちゃうんですよね。周りの声を聞いて、「自分には無理だ」って思い込んじゃったりね。

この宇宙に、たった一人しかいない自分を「みんな」といっしょにしたのでは、守護霊さんや指導霊さんも活躍のしようがない（一人さん）

一人さん　この宇宙に、たった一人しかいないあなたが幸せで豊かになるために、守護霊も、指導霊もついているんだよ。それを、あなたが自分を「みんな」といっしょにしたのでは、自分の守護霊や指導霊は活躍できないんだよ。

恵美子さん　自分はお金持ちになりたいけど全員がなれるわけではないし、自分は中卒だからダメだ、なんてことを考えていたのでは、守護霊も指導霊も動きようがないんですね。

一人さん　この世の中は、誰かがお金持ちになるんだよね。だとしたら、神さまはどんな人間をお金持ちにしようとするだろうか。

恵美子さん　少なくとも平気で弱い者いじめをするような人のことはお金持ちにしようとは思わないでしょうね。

一人さん　恵美子さんのように消去法で考えると、「まだ何もやっていないうちから、自分で勝手に『無理だ』と決めつけちゃっている人」のことを、神さまはお金持ちにしてあげられないんだよ。

恵美子さん　意志がないからですよね。「自分だけはお金持ちになるんだ」って思わなきゃいけないですよね。

一人さん　そういうことなの。それでね、「自分だけは〜できる」と思うことも「大志を持つ」ということなんだよ。

やさしくて人に親切なあなたが大志を持って挑戦すれば、神さまも味方をしてくれる、世間も味方をしてくれるんだよ。
だから、うまくいっちゃうんだよ。楽々いけちゃうの。
神さまはそれを証明したくて、一人さんを納税日本一にしてくれたり、いろんなものを与えてくれたんだ、とオレは思っているのね。

恵美子さん　読者のみなさんにもできるよ、って伝えたいですね。

「いい人はお金持ちになれない」というのは思い込みなんだけど、思い込みって意外とたいしたものではないかもしれないの（一人さん）

恵美子さん　「お金持ちになれない」という呪縛から自分自身を解放するコツを教

えてくださいと言われたら、一人さんは何て言うんですか？

一人さん　まずは、自分のなかに思い込みがある、ということに気づくことだね。

恵美子さん　確かに、自分のなかの思い込みってあるよね。

一人さん　そうなんだよ。たとえば、ちっちゃいときに、親御さんであるとか、身近にいる誰かがゴキブリを見て「ギャー!!」と叫んだとする。
そうすると、子どもの脳に「ゴキブリは怖いものだ」というのがインプットされちゃうんだけど、別にゴキブリって、人をかんだりとかはしないんだよね。

恵美子さん　それなのに、「ゴキブリは怖いものだ」と思い込んでしまうんですね。
それは、誰かがゴキブリを見て「ギャー」と叫んだ、過去の記憶が影響している、ということなんですよね。

ちなみに、一人さんは、これを「ゴキブリ現象」と言っています。

一人さん　「いい人はお金持ちになれない」とか、「苦労しないと成功しない」というのは、〝ゴキブリ現象〟と同じなんだよ。ゴキブリを怖がる人に「ゴキブリはかまない」とか「危害がない」とか、いくら科学的に説明しても「ゴキブリは怖いもの」なんだよ。

ただね、思い込みって、どんなものか、ってことなんだよ。

くだらない笑い話だと思ってもらってもいいんだけどさ。

たとえば、ゴキブリが一匹二千万円で買い取ってもらえることになったとするんだよ。そうすると、ゴキブリが台所でうろちょろしているのを見つけると。

恵美子さん　私だったら「ついてる！」と言って、捕まえようとする（笑）。

「この一匹で、柴村家全員で超リッチな海外旅行に行ける」と思ったら、テンションめちゃあがるよ、一人さん（笑）。

一人さん　ということは、ゴキブリが嫌われちゃうのは、もしかしたら、あの形状よりも、二千万円ではない、ということが最大の問題なのかもしれない（笑）。

恵美子さん　今のゴキブリの話で、思い込みに対する見方が変りました。もう、一瞬で、頭がパッカーンしました。

一人さん　それでもね、ゴキブリが出てくれば、やっぱり怖いの。それが人間なんだよ。

自分は人に好かれて、みんなに喜ばれて、税金も一円もごまかさず成功する。そんなことができるのかって、できるよ（一人さん）

一人さん　人はなかなか変わらない、でもね。

オレは言い続けるつもりでいるの。人には、人間程度の頭では計り知れないほどの、ものすごい能力があるんだよ、って。

恵美子さん　それを、一人さんは、自分の楽しみとしてやっているんですよね。碁を打ったり、俳句を詠んだりするのと同じように。

一人さん　地球が宇宙の中心で、太陽や他の星たちが回っているんだ——と多くの人々が信じ込んでいた時代に、コペルニクスが「地球は回っている」と言いだして、ガリレオがその説を引き継いで、その後、さまざまなことがあって、「地球が回っているのが当たり前」になったでしょう。
　それと同じように、「人間の命は、天の神さまの分け御霊だ」「魂の可能性は人間の想像以上だ」という考えかたが「当たり前」と言われる時代が必ずくるとオレは信じて言い続けてきたんだよ。

恵美子さん　そのおかげで、「自分だけはできる」という意志を持つ、という話が、段々と当たり前の話になってきていますよね。

一人さん　今、この本を読んで「自分だけは」という意志を持とうと思ったとしたら、人に好かれて、世の中のお役に立って喜ばれながら成功すればいいんだよね。

ごうつく張りの人間が集まったなかで競争したら、一番ごうつく張りな人が勝つけれど、愛のある人間が挑戦したら簡単にやっつけちゃう（一人さん）

一人さん　この対談のなかで、豊かになる話とか、成功の話とか、いろんな話をしてきたけれど、オレが一番伝えたいことは「目には見えないけれど、偉大なる存在はいる」ということが、まずひとつ。

それから、人は魂を成長させるために何度も何度も生まれてくるよ、ということなんだよね。

オレたちは仕事を通じて魂が成長することを実践し、仕事で成功させてもらっているじゃない？　だから、みんなにも「試しにやってみたら、どうですか？」って言ってきたんだけど。

この話をすると、頭がこんがらがっちゃうから、しないほうがいいか。

恵美子さん　いや、一人さん、ここまで話してくれたんだから、言っちゃいましょう（笑）。

一人さん　オレが言う「魂の成長」というのは、みんなが思っているほど、難しいことではないんだよ。

今、自分が話している、その言葉に愛はありますか？
今、自分がやっている行動、その顔に愛がありますか？

時々、立ち止まって、自分自身に問うのが「魂の成長」なんだよね。

恵美子さん　これだけで魂が成長するなんて、簡単でいいですね、一人さん。

一人さん　それでね、「魂の成長」と仕事の成功とは、一見、関係なさそうに思われがちなんだけど、実はそうじゃないんだよ。

資本力があって、ごうつく張りな人間しかいないなかで競争すれば、一番ごうつく張りな人間が勝つんだよ。

だけど、ごうつく張りではなくても、仕事を通じて楽しく「魂の成長」をしちゃおう、という人間がエントリーしたら、ごうつく張りな人間なんて簡単にやっつけちゃうの。

なぜかというと、「魂の成長」を心がけていると、神さまも味方をするし、自分についていてくれている守護霊や指導霊が一生懸命、働いてくれるからな。

恵美子さん　だから、今、自分が話しているその言葉に、愛はありますか？　その行動、その顔に愛はありますか？　と自分自身に問い続けるんですね。

一人さん　とくに、何かがうまくいっていないときに、この質問を、自分自身に問いかけてごらん。それだけで「魂の成長」だから。

自分の顔、今、自分が話している言葉に愛はあるだろうか。

それだけを考えていれば、自然と、人は心豊かになり、人の幸せに貢献できるんだよ。だから、いろんなことがうまくいくようになっているの。

あなたが今できることで誰かの役に立てばいいんだよ。それだけで神さまは大喜びするんだよ（一人さん）

恵美子さん　いろんなところに話が飛んでしまいましたが、飛躍的に自分を向上させたかったら、「自分だけは～できる」「自分だけは成功する」という意志を持つ、つまり「自分だけはできる」という言葉を唱えればいい、ということですよね。

一人さん　世間と比較対照していたら、世間以上にはなれないんだよ。
だから、「自分だけは」という意志を持って、今、できる努力をすればいい。
たとえば、「ネットで誰かを誹謗中傷するようなことがない世の中にしたい」という理想を持ったのだとしたら、悪口や文句が多い、この世の中で「自分だけは言わないようにしよう」と思うとかね。
それでもう、十分立派だと、一人さんは思うよ。

恵美子さん　私は、人が嫌がることは言わないようにしようと心がけています。

一人さん　一人ひとりの体に、神さまの御霊《みたま》が入っているんだよ。
要するに、みんなの中に神さまがいるんだよ。
だから、自分が思ったことは、自分にできることであり、また自分が行うことなの。難しいかい？　この話。

恵美子さん　一人さんが言わんとしていることは、自分が悪口や文句を言わないと決めたんだから、自分が言わなきゃいい、ということですか？

一人さん　そうそう。

恵美子さん　ただね、一人さん、最近、ＹｏｕＴｕｂｅやなんかで、「このまま行くと、天変地異が起きる」みたいな話題が出てきているんですよ。

一人さん　「だんだんよくなる、未来は明るい」このひと言に尽きるね。

神さまは、すべての宇宙空間を光らせなさいとは言ってないんだよ。

ちょっと考えてごらん。

太陽と地球の間にある空間まで光らせようとしたら、まぶしくていられないでしょ？　もっと言うと、「このまま行くと」って言うけど、この世の中は無常といって、「このまま行かない」ようになっているんだよ。

この宇宙には、宇宙の摂理というものがあってね、「だんだんよくなる」ようになっているの。

恵美子さん　そうでしたね、どんな人も、最終的には「幸せで豊かになる」ように、人生はなっているんですもんね。

一人さん　そうだよ。今は「幸せで豊かな」ほうへ向かっていない人でも、生まれ変わって、やがて必ず「幸せで豊か」のほうへ向かうようになっているから、大丈夫なの。

オレたちができることは、「このままの自分で幸せになること」を考え続けることと、人の幸せに貢献すること、〝ちいさな徳の積み立て〟をすることなの。

恵美子さん　今、一人さんが言ったこと、肝に銘じます。

このままの自分で、人の役に立つことを考えます。

そのほうが私の魂さんが喜ぶし、指導霊さんもグレードアップして能力があがるし、みんなに喜ばれますものね。

いい人間がお金持ちになると、神さまが喜ぶの（一人さん）

一人さん　最後に、言わせてもらっていいかな。

恵美子さん　どうぞ、どうぞ。

一人さん　たまにね、「みんなのためになることを、自分は無償の愛でやるんです」という人がいるんです。

それは、素晴しいことだと、一人さんは思っているのね。

ただ、私は子どものときから、人のためになることを一生懸命している人が貧しくしているのは「おかしいんだ」と思っていた人なの。

そんなこと、神さまが望んでいるとはオレには思えないし、何より、子どもの頃にオレにいろんなことを教えてくれた〝白い光のたま〟は、そんなことを言っていなかったんだよ。

人は幸せになるために生まれてきたのであって、苦労するために生まれてきたのではないよ、って言っていたんだよ。

恵美子さん　はい。私たちは、それを一人さんから教わりました。

一人さん　そうだよね。だからオレは、みんなが豊かでないときは、「みんなは、いい人間なんだから、豊かにならなきゃいけない」ということを、しょっちゅう言い続けてきた。

なぜなら、お金を持つ器量のない人間がお金を持ったって、誰かの役に立つことをするわけでもなく、人助けもしないんだよね。

いい人がお金持ちになったほうが、神さまは喜ぶんだよ。

だからね、「貧しくてもいいんだ」なんて言わないで、自分自身をもっとかわいがらないといけないよ。

自分自身をもっとかわいがらないとね。そうじゃないと、守護霊さんや指導霊さんも、手を差し伸べることができないの（一人さん）

一人さん　守護霊も、指導霊も、あなたの幸せに貢献するために、そばにいるのに、あなたが「貧しくていい」とか、「苦労してもいいんだ」とか思っていると、守護霊も指導霊も手を差し伸べたくても、手を差し伸べられないからね。

日本は法治国家だから、法にふれるようなことはやっちゃいけないよ。そんなことをしたら逮捕だからね。

だけど、自分が食べたいものを食べたり、見たい映画を見たり、行きたい場所に出かけていったりと、自分のできる範囲で自分の幸せを追及していくと、やがて「自分を大切にするように、人も大切にしたいな」

と思うようになってくるんだよ。

「自分は自分の夢を一生懸命、追いかけてきたけれど、思いがけず、人からもらった言葉で救われたことが何度もありました。今度は自分が若い人たちを応援する番だ」というような思いが芽生えてくるものなんだよね。

恵美子さん　最初は自分の幸せを考えるところから始まって、自分を支えてくれている人たちの幸せを考え、周りにいる人たちの幸せを考え、日本で暮らす人たちの幸せを考え、地球全体の幸せを考え、というふうに段々と広がっていくものなんですね。

一人さん　自分を幸せにする、ということは恥ずかしいことでも何でもないの。自分を幸せにする、というのは、神さまからもらった命を大切にすることなんだよ。オレに言わせると、そんなのは、当たり前のことなんだよね。

自分は平凡に生きたい、本気でそう願っているなら、それは正しいんだよ。ただし、誰かに思わされてるなら、「違うよ」って言いたい（一人さん）

一人さん　ともかく、成功したかったら、まず最初は自分の役に立つことをするの。その結果、成功したら自分が幸せになった、その方法を周りの人に伝えること。実は、これが「白光の誓い」の最初に出てくる、「自分を愛して他人を愛します」なの。

恵美子さん　そして、自分を愛するとは、世の中が真っ暗だとしても、「自分だけは、段々よくなる、未来は明るい」と、自分自身を鼓舞して果敢に挑戦すること。

一人さん　それが、「大志を抱く」ということでもあるんだよ。

その結果、成功したら、「ほら、オレにもできたでしょ」と言うのではなくて、自分が豊かになった、その方法を、惜しみなく周りの人に伝えていく。

恵美子さん　これが「人を愛します」なんですね。

一人さん　「自分だけは、不況だろうが、幸せになるんだ」という意志を持ったとするじゃない？

思ったことは叶うこと、って言うんだよ。

「思う」ということは、もうすでに自分のなかに〝種〟があるんだよ。

その〝種〟を大地にまけば、芽が出て、やがては木になって、実がなるんだよ。

そんなことは当然の、自然の理《ことわり》なの。

できもしないことを思うわけがないんだよ。それを、なぜ、自分と、自分ではない人々と、いっしょくたにしちゃうのか。

人間は、〝みんなといっしょ〟にはなれないんだよ。〝みんなといっしょ〟という人間はいないんだよ。一人ひとり、みな違うんだよ。

「オレは平凡に生きたいんだ」と言うのなら、あなたにとって平凡に生きることが正しいんだよ。あなたが本当にそう思っているならね。

ただし、誰かに思わされているなら違うよ、って言いたい。

もし、自分が本気で「もっと幸せになりたい」と思っているのなら、なれるんだよ。

人はね、思ったものになれるし、貢献度によって、豊かになれるんだよ。

もし、貢献してるのに幸せになれない人がいたとしたら、「〝いい人〟ほど幸せになれない」と思い込んでいたり、心のどこかで「お金持ちになってはいけない」とか思っているのかも知れない。

恵美子さん　いずれにしろ、一度、真剣に考えてみるといいよね。〝いい人〟が人のお役に立つことをしているのに成功できない、そんな世の中で、本当にいいのかどうか。

〝いい人〟が豊になれない世の中を子どもたちに伝えたいんですか？神さまがそれを望んでいると思っているんですか？（一人さん）

一人さん　私はね、子どもの頃に、〝白い光のたま〟から「人間は肉体と精神、そして魂からできている」ことや、「人の魂が何度も生まれてくるのは、いろんな体験を通じて自分の魂を進化向上させるためだ」ということ、それから「人生は言葉ひとつで変わる」ということであるとか、いろいろなことを教わったの。

〝いい人〟ほど、幸せにならなきゃいけない。

〝いい人〟ほど、豊かじゃなきゃいけない。

これも、〝白い光のたま〟から教わったことなんだよ。

恵美子さん　私も〝いい人〟が「自分たちは儲からなくていい」というような話をしているのを小耳にはさむと、つい「そんなこと言うのはよくないよ」と言ってしまいます。

一人さん　「成功したい」「豊かになりたい」そういう思いをしちゃいけない、と思っているのかもしれないけど、神さまはそんなこと、言わないよ。

それよりも、自分の気持ちにもっと素直になればいいだけなの。

そして、もっと豊かになりたいのなら、そうなるために努力すればいいの。

「もっと豊かになりたい」という、あなたの思いに、神さまが反対するわけがない。

だって、神さまは、あなたも含め、みんなが豊かになることを望んでいるんだよ。

「お金持ちになりたい」と思ったのなら、なれるよ。「お金持ち」の種を持っているからなれる（一人さん）

一人さん　「学校、出てないからダメだ」とか、「からだが弱いからダメだ」とかいろいろ言うけどね、悪いけど、オレなんか、体、ずーっと弱いよ（笑）。病気が仕事ぐらい、弱いんだよ（笑）。それだって日本一になったんだよ。

オレのお弟子さんたちだって、みんな大金持ちになったんだよ。

だから、なれるんだよ。「なりたい」という気持ちがあるんだったら、なれる。

なぜなら、「お金持ち」という種を持って生まれている、ということだから。

麦の種のなかには、すでに麦の芽が入ってるんだよ。ソバの種には、ソバの芽が入っているんだよ。あなたが「お金持ちになりたい」のなら、お金持ちという芽があるんだよ。

それを、何も始めていないうちから「なれない」「なれない」って、それ、自分で芽を切っているのと同じだよ。

恵美子さん　親から、近所から、よってたかって可能性をつぶしているのかもね。

一人さん　おかげさまで、オレはね、〝白い光のたま〟に教わったおかげで、人生のしくみとか、人間が天の神さまの分け御霊であることや、人間の意志がこの世界を、自分の人生を、創造することを、知ってるんだよ。

だから、それをみんなに伝えてきたんだけれど、最近、もう一度、伝えておきたいなと思っているのが、「自分なら～できる」この言葉なんだよね。

なぜ「できる」のかというと、麦は麦になると決まってるし、ソバはソバになると決まっているんだよ。

だから、あなたがもし「お金持ちになりたい」そう思ったのだとしたら、それに対して努力するのは当たり前なの。麦が麦の芽を出そうとしているのと同じことだからね。

それを「中学しか出てないからダメだ」とか「成績が悪かったからダメだ」とか「家が貧乏だからダメだ」って関係ないよ。どこで育とうが、麦は麦なんだよ。麦として芽を出すんだよ。

「私は平凡で幸せになりたい」そう思っているんだったら、なれるんだよ。

「平凡で幸せ」という芽を持っているんだよ。

それに対して、一生懸命やってごらん。

「どっちがいいだろう」とか、
「こんなこと言ったら、ダメなんじゃないか」とか、
いろいろ考えすぎだよ（一人さん）

恵美子さん　どうすれば幸せになれるのか、わからない、という人もいるようなんですが、そういう人に、一人さんだったら、何てアドバイスをするんですか？

一人さん　明るくて楽しい方へ向かっていくと、それが「当たりだ」とわかると思うよ。いい喩えではないかもしれないんだけど、たとえば、ソバは芽を出す前は土のなかにいるんだよね。

恵美子さん　土の中にいる、というのは、真っ暗な無明の世界ですね。

一人さん　だけど、ソバはやがて上へ、上へと芽を出していくんだよ。

ただし、ソバ自体は上かどうかはわかっていないんだよ。よくわからないながらも、温かくて光るほうへ芽が伸びていくんだよね。

そして、あるとき、土から顔が出ると、「ここが上だったんだ」って。わかるかい？

「どっちがいいだろう」とか、「こんなこと言ったら、ダメなんじゃないか」とか、いろいろ考えすぎなの。

それよりも、あなたが、今やれることを一生懸命やることなの。

そしたら成功するに決まっているし、そのために守護霊さんや、指導霊さんがサポートしてくれるようになっているからね。

恵美子さん　そうですよね、私も最近、理屈を考えすぎていたかも（笑）。

一人さん　理屈を考えちゃいけない、って言っているのではないんだよ。いけないのは、考えすぎて行動できなくなることなの。

恵美子さん　この地球は「行動の星」ですもんね。行動してみて、はじめて自分が考えていたことが合っているかどうかがわかる星。

一人さん　言葉をかえて言えば、経験から学ぶ星なんだよな。だから、たとえば、「オレはいい外車に乗りたいんだ」そう思ったとしたら、中古車屋さんで「外車を買うには、いくらお金が必要なのか」調べることだって行動だよね。

どの車なら自分の手が届くのか、それが決まったら、そこへ向かって努力すればいいんだよ。

志《こころざし》が「健康になりたい」んだとしたら、それを目指して、何かやればいいんだよね。あなたが本当に思うことが、あなたの夢なんだよ。

そして、あなたが本当に思っていることに向かって努力すること、それが「自分を愛してる」ことだからね。そうやって、自分を愛していたら必ず成功するから。

そしたら次は、自分が成功した方法を人に伝えるの。そうすると大成功する。

なぜなら、人に教えだしたとき、あなたは大我という愛の塊になるからね。

恵美子さん　はい、一人さん、ありがとうございました。

一人さん　では、読者のみなさん、長々と、ありがとうございました。
恵美子さんもありがとう。

第四章

夢が「貯金一〇〇万円」だった私の人生を変えた〝たったひとつのこと〟

柴村恵美子

〝上《じょう》の気〟をいただくことも私は大切にしていますが、人に〝上の気〟を分けてあげることは、もっと大切です。

この章は、私、柴村恵美子の語り下ろしのコーナーです。

本章では、一人さんから教わった〝たったひとつのこと〟をやり続けた私の体験をベースに、お金のこと、仕事のことについてお話させていただきたいなと思っています。

一人さんと知り合ってからずっとやり続けてきた〝たったひとつのこと〟。

それは〝上《じょう》の気〟（明るくて軽い〝気〟）を与える、ということなんですね。

もちろん私は、楽しい映画を見たり、音楽を聴《き》いたりとか、〝上の気〟をいただくことも大切にしているのですが、〝上の気〟を「もっともらおう、どんどん、もらおう」という意識よりも、「周りにいる人たちに〝上の気〟をおすそわけできる人間になろう」という意識を持つことがより大切なのではないかと思っています。

周りの人に〝上の気〟を与えるには、ものすごくパワーがいるからたいへんそうに思うかもしれませんが、意外とそうではないんですよ。

むしろ、その逆に、会う人、会う人に〝上の気〟を与えようと心がけていたほうがパワーがみなぎってきます。

そして、周りの人に〝上の気〟をおすそわけすることによって私は、心の幸せと経済的な豊かさを引き寄せることができました。

昔の私は「一〇〇万円の貯金ができたらいいな」と思っていたのですが、想像した以上に、私の人生はいいふうに変わってしまったんです。

私は、自分がいる環境を変えようと必死の努力をしたわけではありません。また、自分の思った通りに、人を変えようともしなかった、いいえ、できなかったんです。

ただ、〝上の気〟を、自分の周りにいる人たちにわけてあげようと心がけたことによって、なぜか、ご円（＝お金）とご縁（お金を生みだす仕事）が、順々とめぐりめぐって回ってくるようになったのです。

どうですか？　ワクワクしてきたでしょう。そのワクワクが〝上の気〟ですよ。

その〝上の気〟を心に持ったまま、ページをめくっていってくださいね。

人や物、お金が集まる場所には
明るく軽い〝上の気〟がたまっています。
この〝上の気〟は人に与えると、倍返しでくるんです。

人や物、お金が集まる場所には、活気と呼ばれる〝気〟があります。

それは、明るくて軽い〝上の気〟です。

流行っているお店やライブハウスなど活気のある場所に行くと〝上の気〟が充満

しているのを感じとることができます。

〝上の気〟が充満しているような場所には、さらに多くの人間が集まってきます。

なぜなら、〝上の気〟が充満しているような場所にいると、人間は充電され明るく楽しい気持ちになるからです。そういう場所に「いたい」と人は思うのです。

そして、人がたくさん集まってくるところには、物やお金、情報もたくさん集まってくる傾向があるようです。

また、ちょっと面白いのですが、閑古鳥《かんこどり》が鳴いているようなお店でも、「あの人がやってくると、お客さんが入ってくる」ということがあるんです。

なぜ、お客さんが入ってくるのかというと、あの人から〝上の気〟があふれ出ているからです。花の香に虫たちが誘いだされるがごとく、あの人から出る〝上の気〟に誘われて、人が集まってくるのです。

それくらい、人というのは〝上の気〟を求めている、いいえ、「渇望」していると言っても、言い過ぎではないでしょう。

ただ問題は、〝上の気〟を与えてくれる人が、自分の周りにいるかどうか。

人に〝上の気〟を与えられる人というのは、常日頃から〝上の気〟で満たされているのですが、そういう人と出会うことは、おそらく、めったにないのではないでしょうか。

たとえ、そういう人と知り合ったとしても、人に与えてもらった〝上の気〟というのは、すぐに消えてなくなってしまう性質を持っています。

そのことを師匠の一人さんから教わった私は〝上の気〟は自ら作りだすものだと考えるようになりました。

それと同時に、〝上の気〟を作りだすために自分で自分の機嫌をとって自分のなかに〝上の気〟をためておき、〝上の気〟が必要な人が現れたときに、惜しみなく与える、ということを始めました。

なぜなら、〝上の気〟を与えると、倍返しか、それ以上のものが戻ってくることがわかってきたからです。

もちろん、好きな音楽を聴いたり、大好きな役者さんが出ている映画を見たりとか、そういうことをして〝上の気〟をいただくこともあるんですよ。

だけど、目の前の人に〝上の気〟をおすそわけすることのほうが、より自分のなかに〝上の気〟を取り込めるし、自分が想像だにしなかった〝ごほうび〟がもらえるのです。

相手の〝負の気〟を〝上の気〟に変えたら、想像だにしなかった奇跡が起きた！

私は会社を経営しているのですが、自分の会社に行くことはほとんどありません。

そして、ふだんは移動でタクシーを利用することが多いのですね。

そうすると、タクシーの運転手さんとの出会いは、私にとって〝上の気〟をおすそわけする絶好の機会なのです。


ちなみに、私は運転手さんに、どのようにして〝上の気〟をおすそわけするのかというと、タクシーに乗って、目的地を告げた後、私はこう言うのです。

「運転手さん、感じのいい方ですね」

そうすると、たいがいの運転手さんは「えっ、そうですかあ」ちょっとテレながら、実際に感じのいい人になります。

そして、私は、すかさず、こう言うんです。

「この仕事して何年になりますか？」

タクシーに乗って三か月の人もいれば、一〇年以上乗ってるベテランの方、「今日が初日です」という人もいます。

ベテランの方には「接客がすばらしいなと思ったのですが、そうなんですね。さすがですね」と言います。

今日が初日の方には「初日から、こんなにがんばって、すごいね」と言います。

そうすると、相手の方は喜んで、やがて自分の人生を語りだすのです。

一見すると、私が「与えっぱなし」のように見えるかもしれませんが、そんなことはありません。

運転手さんが自分の人生を語っているのを聞きながら私は、世の中の勉強をさせてもらっていますし、何より、運転手さんの喜ぶ顔を見ていると、心から生まれてきてよかった、幸せだなって、思います。自分が与えたものの倍、もしくはそれ以上の幸せをいただけるし、その他にも……。

何年も前の出来事なのですが、こんなことがありました。

私は大阪行きの飛行機に乗るために、タクシーに乗って羽田空港に向かったのですが、高速道路入り口の手前で車の流れがピタっと止まってしまったんです。早めに家を出ていたので、最初の頃はニコニコ笑っていられたのですが、待てど暮らせど、車が動かない。

運転手さんは、私を予定時間通りに空港まで届けたいという思いがあるからだと思うのですが、

「どうしよう、マイッタなあ……。飛行機の時間、大丈夫かなあ」

私を心配させるようなことを言い始めました。

このとき私はイラっときてしまったんですね。不機嫌の神がおりてきてしまった（笑）。そのことに気がついたとき、私は「これはいけない」と思って、まず深呼吸

をしました。なぜなら、ゆっくりと深呼吸をすると、波立つ感情を整えることができるからです。

深呼吸をした後、続けて私は自分自身に、

「この出来事は、最悪どんな事態を引き起こすのかな？」

と問いかけてみました。

答えはすぐに出ました。

到着が遅れ、予定していた飛行機に乗れない。

それがわかれば、あとは対策です。

ついていることに、羽田から、大阪の伊丹空港に向かう飛行機は、およそ三〇分おきに出ています。

私はケイタイから航空会社に電話をかけ、予定の飛行機をキャンセルし、次に出る飛行機の席を予約しました。

そして、運転手さんに、こう言いました。

「飛行機の予約を変更したので、大丈夫ですよ。ゆっくりドライブを楽しみましょう！」

「えっ？」ふりむいた運転手さんの顔は、明るい〝上の気〟が出ているのが見えました。つい先ほどとはうって変わって、上気元《じょうきげん》（上機嫌を私や一人さんは上気元と書きます）の神になっていました。

それを見ていた私も上気元の神になっていました（笑）。

タクシーは無事、空港につき、私は搭乗口近くのベンチで搭乗案内を待ちました。

自分が向かっている先で神さまからのごほうびが待っているとは、知らずに。

自分のなかから〝負の気〟があがってきた、そのときがチャンスではないんです。チャンスの大盤振る舞いなんです！

私は機内に入り、予約した席までくると手荷物を棚にあげようと思って、つま先立ちをしました。そのときです。

「私がやりましょうか」

という声が聞えて、後ろを振り向くと、なんと！

ステキな男性がニコっと微笑んでいるではありませんか（笑）。

その男性は、私の隣の席を予約した方でした。

伊丹空港に着くまで、私たちはファッションのことや、人生観、いろんなことを話していました。そして、あるとき、男性が私の顔を見てこう言ったんです。

「それにしても、あなたはめちゃくちゃ楽しそうですね」

「そうなんです、私、毎日、楽しくて」と、私は答えました。

すると男性は、「どうして、そんな楽しくいられるんですか?」と言いました。

私は男性の質問にこたえて、〝上の気〟の話や、考え方で人生が変わる、という話をしました。

男性はとても喜んで、「大阪に着いたら、どうされるんですか?」と言いました。

私は「これから講演会があるんです」と答えました。

「講演家の方ですか?」

「いいえ、会社経営をしています。仕事の合間に、本を書いています」

私はそう言うと、バッグのなかにしまっていた、自分の本を取り出して見せました。男性は、目次を見て「これ、いい本ですね、買います!」と言ってくれました。

私は、男性が自分の分を買うのだろうと思い込んでいて、「アマゾンで注文すれば、明日には届きますよ」と言ったのですが、男性の話をよくよく聞いたら、びっくりコーン! 男性は、結構な数の従業員を抱える会社を経営していて、

「これはいい本だから、うちの社員、全員に読ませて勉強させます」

そう言って従業員の分の本を注文してくださったのです。

この出来事にあう前まで、私は、イライラや怒り、心配と不安と恐れなど〝負の気〟が自分のなかから上がってきたときはチャンスなんだ、と思っていました。

このときに自分で自分の機嫌をとると、〝負の気〟が〝上の気〟に切り替わり、利子もついてくる。めっちゃチャンスなんだと思っていたのです。

でも実際は、めっちゃチャンスなんてものではないんです。天の神さまはもっともっと気前がよくて、〝チャンスの大盤振る舞い〟をしてくれるのです。

だから、もっと願っていいんですよ。

自分で自分の機嫌をとって周りにいる人に〝上の気〟のおすそわけをしていると、天の神さまから想像以上のごほうびをもらえるのですから。

ということを、はじめて実感した出来事でした。

〃上の気〃を与えられる人は、ふだんから〃ちいさな幸せ〃を集めているんです。

昔、一人さんから教わりました。

宇宙が誕生してからのすべての記録、この星でどんなことが起きたのかということや、人はどんな経験をして何を思い、どんな感情を味わったのか等々すべての人々のライフストーリー（記憶）が保管されている場所があるのだと。

その場所を、人によっては「叡智《えいち》」と言ったり、「アカシックレコード」と言ったりするのだそうですが、名前はどうであれ、とにかく、膨大な記録が保管されている図書館のようなものがあるのだそうです。

今、この地球で生きている私たちの魂は、そことつながっているのですが、肝心かなめの話はここからです。

私たちが自分の心を楽しくして〝上の気〟で満たしていると、宇宙のどこかにある図書館のデータベースから「上気元で過ごして成功した人の智慧」が引き出され、それが今、地球で生きている私たちにおりてきます。いわゆる〝ひらめき〟がおりてくるのです。

逆に、イライラしたり、怒ったり、心配と不安と恐れ、つまり不機嫌の神がおりている状態だと、宇宙のデータベースから不機嫌な思いを増長するような〝ひらめき〟が自分のところへやってきます。

そうです、〝ひらめき〟なら何でもいい、ということではないのです。

不機嫌な神になっている自分にくる〝ひらめき〟は、自分も周りの人も誰も幸せにすることはありません。

一方の、上気元の神になっている自分にくる〝ひらめき〟には失敗がないのです。

自分も、周りの人も幸せになって、天の神さまも喜ぶ、そんな〝ひらめき〟です。

さて、読者のみなさんは、どちらの〝ひらめき〟を呼び寄せたいですか？

私は、もちろん、自分も周りも幸せで天の神さまも喜ぶ〝ひらめき〟です。

だから、私は常に自分の機嫌をとることを意識しています。

なぜなら、人間は何も考えていないと、不機嫌の神になってしまうからです。

私は、朝、目が覚めたときに、「朝日を見ることができて、よかった、幸せだ」と思います。ご飯を食べるときは「おいしいね」と言いながらいただきます。

会社のスタッフから報告がきたときは「支えてくれるスタッフがいて、幸せだな」って。そんな〝ちいさな幸せ〟を拾い集めながら自分の機嫌をとっています。

一人さんの何気なく言った〝ひと言〟から私の〝ちいさな幸せ〟集めが始まったんです。

〝ちいさな幸せ〟を集めることが習慣になったのは、あるとき、一人さんと雑談をしていたときに、一人さんが何気なく言った言葉がきっかけだったように思います。

「オレは、以前、今が最高だと思っていたんだよ。いい仲間ができ、やさしい人たちに囲まれて生きて、仕事もうまくいって、世間から億万長者と呼ばれるようになって、日々、感動するドラマがあって、もうこれ以上の幸せはないと思っていたのね。

ところが、ある日、ふと、足元を見たら、タンポポが咲いていたの。

わぁ、かわいいなあ、って思ってね。

そのとき、言葉にできないほど、ものすごく幸せを感じたんだよね。

まさか、こんな感動を味わうとは思ってもみなかった。

神さまのやることはすごいなと思ったね」

一人さんから、この話を聞いて「ステキだな」と思った私は、すぐ自分の足元にある〝ちいさな幸せ〟を見つけて集めることを始めたんですね。

その〝ちいさな幸せ〟集めのなかに、お金が入っているんです。

どういうことかと言いますと、たとえば、お買い物をして支払いをするときに、「あぁ、自分は欲しいものを買える人間になれたんだ、ありがたいな」って私は思うのです。変わっているでしょう（笑）。

でもね、私がそう思えるのは、ふるさと北海道の帯広で指圧治療院を開業したときに、お金のありがたさを学ばさせていただいたからではないかなと思うんですね。あのとき、私は内装にお金をかけすぎてしまいました。貯めていたお金は全部使い果し、お財布のなかに三千円しかない、という状況でした。

いわゆる〝若気の至り〟というものなのですが、でも、あの経験があったからこそ、お金を出せるようになってありがたいな、幸せだなと私は思えるのです。

ですから、あのときの自分に、私はとても感謝しているんですね。

お財布には現金を入れています。お札の顔の向きをきちんとそろえるのは、そこに自分の気持ちを置く〝儀式〟なんです。

最近は、カードなど、現金を使わないでお買い物をする人が増えてきましたね。私もお店でお買い物をしたり、外食をしたときはカードを使って支払いを済ますのですが、それでも、お財布のなかにはお金を入れています。

お財布は「お金さんのお家だ」と私は思っていますから、レシートや映画の半券などお金以外のものでお財布をパンパンにさせることはありません。

また、お財布にお札をしまうときは、お札に描かれた人物のお顔の向きをキレイにそろえています。

それから、支払いの際は、現金だろうが、カードだろうが、お金に「ありがとう」

と私は言うんです。

「ありがとう」という、たったひと言に、私は万感の思いを込めている、といったら、少しオーバーかもしれませんが、でも……。

「がんばって、働く（はたを楽にする）ことをしてきた私のところへ、お金さんがきてくれて、うれしかったよ。お金さんが私といっしょにいてくれたおかげで、豊かな気持ちにもなりました。

また、日本中をめぐりめぐって、たくさんの人を豊かにしてくるんでしょうね。長旅がまた始まりますが、どうぞお元気で行ってらっしゃい」

そんな思いを込めて、支払いの際はお金に「ありがとう」と言っています。

こういった習慣は金運をよくするため、というよりも、そうすることで「神さまの霊感」と、自分の気持ちを一致させる、そのための〝儀式〟なのです。

「神さまの霊感」は、特別な人だけが感じられるものでは決してありません。誰もが日々触れているものなのです。

読者のみなさんは、「お金とは、神さまの霊感だ」ということをすでにご存じだと思うのですが、実際、お金にはものすごいパワーがあるんです。

その、ものすごいパワーを、私がはじめて実感したのは指圧師をやっていた頃でした。

帯広で指圧治療院を開院したと同時に、手持ちのお金が三千円しかないことに気がついた私は、そこから奮起し、努力を積み重ね、「予約のとれない治療院」と言われるようにまでなってきました。

次から次とやってくる患者さんに私は指圧をし、生活指導をして、また次の患者さんに指圧をして、という毎日。

銀行に行く時間がとれず、私は日々の売り上げをタンス貯金していたんです（その後に、一人さんから夜間金庫があると教わり、タンス貯金はやめました）。

最後の施術が終わると、今日の売り上げはどれくらいなのか、タンス貯金はどれくらい増えたのかチェックします。

一日、一〇人の患者さんに、全力で指圧して生活指導すると、夜はヘトヘトなのですが、お金を数えていると、疲れが吹き飛んでしまいます。

それはなぜなのでしょうか。

私は、それこそが、「神さまの霊感」のなせる業ではないかと思っています。


ところで、「神さまの霊感」とは、何なのでしょう。

たとえば、五〇〇円玉貯金をしている人の場合、貯金箱が五〇〇円玉でいっぱいになると銀行の口座に入金しに行くと思うのですが、そのとき、お金を数えますよね。五〇〇円玉が、一枚、二枚、三枚……数えているうちに「あれ？　なんだか、気分がよくなってきた」「ワクワクしてきたかも！」という経験はありませんか？　ありますよね。

このワクワクした感じ、〝上の気〟こそが「神さまの霊感」なんです。

以前はお給料日になると、社長さんか、上役の方が、現金が入った給料袋を従業員、スタッフのみなさんに渡していたものでした。

そういうふうにお給料をもらっていた記憶がある方、給料袋から自分のお給料を出した瞬間、めちゃくちゃうれしくて上気元になりませんでしたか？　なりましたよね。

「はい、おこづかいだよ」

と、一万円札を一枚、手渡された時も、めちゃくちゃハッピーになりますよね。

その、めちゃくちゃハッピーな気持ち、上気元という〝上の気〟こそが、「神さまの霊感」。逆を言うと、お金は上気元の〝上の気〟を与えてくれる最強のパワーアイテムだ、ということになります。

お勤めの方は、職場で〝ちいさな挑戦〟をすると〝上の気〟を補充しながらはたらくことができます。

「楽しんだ人が成功する」

本屋さんの、自己啓発本コーナーに行くと、このようなことを書いた本を見かけることが珍しくありません。

一人さんも「楽しいから成功するんだよ」ということを言ってきましたし、私たち一〇人の弟子は楽しく働いて精神的にも経済的にも豊かになってきました。

ただ、起業家にとっての〝楽しい〟と、勤めている方にとっての〝楽しい〟は、ちょっとだけ違うんですね。

どういうことかと言いますと、たとえば、起業すると、たいがいの方はそうだと思うのですが、最初は何でも自分がやらなきゃいけないのです。それが起業家にとって〝楽しい〟のひとつなんです。

何より、自分ががんばっただけの成果が得られる、つまり儲かることが〝楽しい〟。

お勤めの方は、毎月会社からお給料が出ますし、たいてい決められた日常業務をこなしていくのだろうと思うのですね。起業家のように、自分ががんばったなりの成果が出るわけでもないし、自分の好きなことをして儲けることができるわけでもありません。

そうなると、お勤めの方は、どうやったら自分は仕事を楽しくできるのか、ということを積極的に考えていかないと、仕事がつまらなくなってしまうんですね。

お勤めの方が「仕事って楽しいな」と思える方法は、みなさん、それぞれに秘訣があるかと思うのですが、私からひとつ提案があります。

ちなみに、このアイディアは、昔、一人さんから教わったものです。
それは何かと言うと、職場で〝ちいさな挑戦〟をするんです。

たとえば、まとまった量のコピーをとるのに、今までは一〇分かかっていたけれど、九分で終わらせよう、とかね。

会議の資料を作るときは、どうしても残業になってしまったけれど、これからは定時の範囲内で、作業を終わらせよう、とか。

あるいはまた、職場に行けばどうせ制服を着てマスクもつけるんだから、そんなにオシャレしなくたっていいやと思っていた人が、「いやいや、それでも、ちゃんとお化粧をして、オシャレしていこう」と考えかたをあらため、実践する。

そういう〝ちいさな挑戦〟を心がけるようになってくると、仕事はものすごく面白くなってきて、上役に一目置かれるようになってくるのです。

そうすると、たとえば上役から「キミの意見を聞かせてほしい」とか、「今度の会議に出て、キミがあたためていた企画を発表してみないか」と言われたりして、職場での存在感が増してきて、ますます仕事が楽しくなってくる。さらに、出世したり、お給料も増えると、もっともっと楽しくなってくるんです。

いかがですか?

ピンときた方は、一度、ためしてみてください。

これからどんな時代になるのかというと、いかにして明るく楽しい夢を持てるかが重要視される時代になるんです。

ちょっと前までは、家柄や学歴、所属している組織の大きさ、どんな家に住んでいて年収はどれぐらいあるのか、といったことだけに価値を置くような考え方が主流だったように思うのですが、一人さんは「これからは違うよ」って言います。

「これからは、どうやったら今ここを楽しく生きられるのか、どうやって楽しい時間を作りだすかが大切になってくるよ」って、一人さんに言われました。

とくに、仕事をしていない時間に何をして過ごすのかが重視されるようになってくるのだそうです。


読者のみなさんは、自分の趣味、好きなこと、推《お》し活《かつ》、何かやっていますか？


たとえば、絵を描くのが好きな人だったら、絵を描くでしょう。

趣味のギターをきわめようと練習をする人もいるでしょう。

また最近は男性でも料理が好きな方が増えてきて、料理教室に通ったりして、腕を磨いている方もいると聞きます。

つまり、あなたの幸せはあなたが責任を持たないといけませんよ、という考え方が常識になる時代がやって来るのだと、一人さんは言います。


またあるとき、一人さんは私にこう言いました。

「この世の中は、実力の競争ではなく、夢の競争なんだよ。同業他社の社長より、どうやって夢を持てるか。
あなたが夢を叶えようとする、その姿が、従業員やお客さんに夢と希望と光を与え、社会にも夢と希望と光りを与える、そんな夢を思い描けるかどうかなんだよ」

ちなみに、私の夢は、いつまでも若々しく昨日の自分より美しくなること。
欲しいものは、どんなキレイな手をつかっても手に入れたい（笑）。
そのために、商人としての腕を磨きあげ、お金を稼ぎ続けたい。
これが私の夢です。

「夢と現実は違う」という意見があることは知っています。
けれど、私や一人さんにも意見があるんです。
私たちは、思考は現実化するという考えを持っています。
私たちの世界では、その人、その人が描く夢が現実化したものが未来なのです。そして何より、夢を思い描くひと時は、うきうきワクワク、とても楽しい時間です。

だから、私はよく言うのです。

こんなことしたい、あんなことしたい、近い将来こうなりたい、何でもいいから、楽しい夢を思い描きましょうよ、って。


夢とは、自分のために見るものだと私は思っています。

ですから、私のように「キレイになりたい」という夢を持ってもいいのです。

「おいしいものが食べたい」とか、「有名になりたい」とか、「モテたい」とか、自分が本当にそう思っているのなら、それも夢です。

「お金を持ちたい」という思いだって夢なんです。

明日に向かって思い描く夢に「いいも悪い」もない（法律にふれるようなことをやってはいけませんよ）。どの夢もみなステキなのです。

夢を持たない人が増えてきたと世間では言われていますが、もしかすると、夢がないのではなくて、「キレイになりたい、なんて夢ではない」と思っていたり、「お金持ちになりたい、なんて、思ってはいけない」とか、「人のお役に立つような夢を見なくてはならない」と思っているのかもしれないですね。

そういう考えを持っていると、自分の夢が迷子になってしまうのもうなずけます。

でも、せっかくもらった命です。

今世の人生を謳歌したいと思うのならば、自分の気持に素直になることです。


自分は何をしたいのか。

何を食べたいのか。

どんな洋服を着たいのか。

そして、どんな自分でありたいのか。

自分が本当に好きな自分は、どんな自分なのか。

自分の心の声に耳を傾けてください。

自分がワクワクする夢を、大切にしましょう。

「下心を持ってはいけない」と言うけれど、〝下心〟とは、どんな心なのか、わかって言っている人はどれくらいいるのでしょうか。

人が「成功したい」「もっと豊かになりたい」と思うのは、どんなときでしょう。たとえば、経済的なゆとりがなくて、いろんなものをあきらめてきたけれど、もうこんな人生は嫌だ、欲しいものを手に入れたい！　そう思ったとき。

それから、モテたいと思ったときや、好きな人にフラれ、「次はもっとステキな人とつきあうぞ！」と思ったとき。

ゴージャスな生活がしたい、または大切な人に豊かな生活をさせてあげたいと思ったとき。そんな感じではないでしょうか。

読者のみなさんのなかには、「成功に向かって突き進むのに、そんな下心を持っていていいのか」と思う方がもしかしたら、いるかもしれませんね。でも、私が見た限りでは、それは下心ではありません。

自分の欲を満たすためなら、人のものを奪ったり、誰かを蹴落としたり、弱い者いじめをする、そういう心を下心と言うのです。

この世を楽園にするのではなく、地獄のような世界にしようとする、下向きのエネルギーを持っているから、下心と言います。

その一方で、「ゴージャスな生活がしたい」とか「モテたい」とか、「欲しいものを手に入れたい」だから、成功したいんです、という人の心が放つエネルギーは上向きです。

その思いが、あきらめられないものであれば、あるほど、なおいいのです。

と言いますのは、そう簡単に自分の思いが実現しない場合、当人はその思いを叶えたいがために、自分の考え方や行動を変えるしかないと、ハラをくくるからです。

自分の魂レベルを一段上にあげるための努力を猛然と開始します。

これって、〝いいこと〟ですよね。

何より、成功を目指して一歩前に足を出していくときには、会社を辞めたり、今までやったことのないことに挑戦しなくてはならないのです。

そのときに勇気がいるのですが、勇気というのは欲によって支えられているのです。欲を否定する、ということは、車にガソリンを入れないのと同じなのです。

だから、「ゴージャスな生活がしたい」とか「モテたい」とか、「欲しいものを手に入れたい」とか、そういった思いを否定しないでください。

みなさんが欲といっしょに人生の旅路を楽しく歩き続けていくことを、私は願っています。

こっちの道に行っても私は幸せになる。
あっちの道に行っても私は幸せになる。
だとしたら、私はどっちの道に行きたいか。

「独立しようかな、それともこのまま、この会社で働いていようかな」

「自分が始めた仕事だけど、このまま続けようかな、それとも辞めようかな」

「この人と結婚しようかな、それとも、このままの関係でいようかな」

「この人と別れようかな、それとも、いっしょにいようかな」

人生のいろんな場面で、選択に迷うことがあるのではないでしょうか。


学校の勉強は、正解はひとつと決まっているのですが、人生の正解はひとつではありません。

同じような状況でも、AさんにはAさんの正解があり、BさんにはBさんの正解がある。自分にとっての正解はどちらなのかは、どちらかの扉（選択肢）を開いてみないことにはわからないのです。


でもね、人間っておもしろいですよ。

「どっちでもいいから、自分の好きなほうを選ぼう」

と思って、とりあえず、どちらかの扉を開けてみるんです。

そうすると、正解でも、正解でなくても、結果が出た時点で、自分の気持ちはスッキリしているんですね。

どちらにしようか迷って行動に移せないでいる間が、モヤモヤしたり、あれこれ気に病んだりして、苦労をしているのです。

そんな迷いの世界から抜け出したい方へ、参考までに、一人さんから教わった方法をご伝授させていただきますね。

「あちらの道に行っても自分は幸せになる。

もうひとつの道を行っても、自分は幸せになる。

どちらの道に行っても自分は幸せになるのだとしたら、どちらの道に行きたい？」

そのように自分自身に問いかけるのです。

そもそも、どちらの道に行けばいいのか迷ってしまうのは、どちらかの道が失敗だという恐れであったり、失敗をゆるさない思いがあるからなのですね。

そこで、失敗のほうに向いている意識を、「どちらの道を行っても、幸せになる」という言葉の力で幸せのほうへと意識を向けてから自分の魂に問うのです。

「どちらの道に行きたい？」って。

そのときはワクワクしたほうを選ぶといいですよ、と言うのですが、実を言うと、どちらでもいいのです。

とりあえず、自分がやりやすいほうからやってみるといいのです。

アントニオ猪木さんではないけれど、行けばわかるさ、なんですよ。

「そんなお気楽な考えで道を選んで、失敗したらどうするんだ」そんな意見もあるかもしれません。

でもね、「魂の成長」という観点で見ると、失敗だと思っていることは実は失敗ではなくて、学んでいるだけなのです。

だから、どっちでもいいのです。この道へ行こうが、あの道へ行こうが、〝いいこと〟しか起きないように人生はできています。

さて、あなたは、どちらの道に行きたいですか？

独立するまでは覚悟がいりますが、独立してしまったら覚悟はいらないのです。

宇宙年齢がいつまでたっても一八歳の私なんですが（笑）。

気がつけば、社長になって半世紀近くがたっていました（一人さん曰く、独立すれば、みな社長）。

私は昔、東京の一等地、ＶＩＰ専用の指圧サロンで指圧師として働いていたのですが、母が倒れて、急きょ私はふるさと北海道の、帯広で指圧治療院を開業することなった、それが40年以上前のことなんですね。

私自身は「まだまだ」と思っているのですが、若手起業家の方や、起業を目指している方たちから、「恵美子社長の話を聞かせてほしい」と言われることがよくあるのです。

先日は、「会社を辞めて、来月、仕事をはじめます」という人から、「独立した後は、どんな覚悟が必要だと、恵美子社長はお考えですか?」と質問されました。

そのとき、私はこう答えました。

「独立するまでは覚悟がいるけれど、独立したら、覚悟なんていらないよ」

勤めていた会社を辞める、というのは、肩書や安定した収入を置いて、新たに旅立つということだから、すごく勇気がいることだと思うんです。

さらに言うと、独立するというのは、今までやったことがないことに挑戦するわけです。学校のテストと違って、最初から答えがあるのではないんです。前に勤めていた会社では実績があったとしても、独立後は、これから実績を積んでいくんですよ。

ということは、データがないのです。自分が思ったことをやってみて始めて、思っていたことが正しかったのか、正しくなかったのかを検証していく世界なんです。そういう世界に、足を踏み入れるのには覚悟がいると思うんですよね。

だけど、独立後の覚悟って、本当にいらないのです。
社長業というのはね、意地もいらないし、忍耐もいらない。
社長業で必要なことは、一点、改良なんです。

たとえば、私がケーキ屋さんをやっているとします。
一日ケーキを一〇〇個売ったら利益が出るところ、売れたのが五〇個だった。
ということは、お客さまが喜ばないようなことをやっているんです。

それを見つけ出して、まずやめるんです。

やめたら、「それで終わり」ではありませんよ。

どんなに不景気だろうが、流行っているケーキ屋さんがあるんですよ。そこをたずねて、お店の雰囲気を見て、店員さんの笑顔を見て、そこのケーキを食べてみる。

そして、そのお店の〝いいところ〟をとり入れるのです。

社長業、商売というのは、これの繰り返しです。

そして、このことを忘れてはなりません。

「がんばる」というのは、改良するための「がんばる」なんです。

商いとは、本来〝神ごと〟。数字は商人にとって羅針盤です。

以前、一人さんとドライブしていたときのことです。

どういう話の流れでそうなったのか、忘れてしまったのですが、一人さんが貝塚の話をはじめたんですね。

貝塚は、そこに住んでいた人たちが食べた貝を捨てた場所だと、私は思っていたのですが、一人さんの話によると、どうも、そうではないらしいのです。

貝殻の量が、その集落の人が食べた量にしては多すぎることから、砕いた貝を加工して、山の民と交易していた可能性があるらしいのです。

しかも、海ぞいの集落で暮らす集団と、山間の集落で暮らす集団の交易は、縄文時代からすでにあった可能性が高いのだそう。

貝塚の話の後、一人さんは、こんな話をしてくれました。

「山間の集落には、山でとれるものはふんだんにあるけれど、海でとれるものがない。海沿いの集落は、その逆で、海でとれるものはあるけれど、山のものがない。

それを互いに物々交換していたんだけど、やがて、『自分でとって、自分が山へ行って交換するよりも、自分の代わりに、交換してきてくれる人がいたら便利なんだけどなぁ』ということになって、仲買人みたいなことをする人が現れた。

商売って、そういうふうに自然発生的に出てきたものなんだよ。

そして、昔はね、商いは、神社の御神木の下でやっていたらしいんだよ。

それは、へんてこりんなものを売りつけないためにね、ここで商いをするにあたって、自分たちは神さまの名にかけて、お客さんが喜ぶ商いをします、ということで、御神木の下で商いをしていた。

つまり、本来、商いは〝神ごと〟なんだよな」

何を言いたいのかというと、商売がうまくいかないときは、商売が〝神ごと〟だということを知らないか、知っていても忘れているのかもしれません。

「商いとは〝神ごと〟だ」ということを忘れたくないのなら、〝商いの数字〟（来店客数や売り上げ）、これだけは必ずチェックしておくことを私はおすすめします。

商人にとって〝商いの数字〟は羅針盤と同じです。しかも、ごまかしがききません。自分がやっていることが、本当にお客さまに喜ばれているのかどうかが、数字に表れるのです。

ですから、たとえば、一流のお店で修行して身に着けた技と、こだわりの食材で、お客さまをおもてなししていると言っても、閑古鳥が鳴いていたら「改良点がある」ということなんです。「うちのこだわりを、理解してくれる人が少ない」とか、言っていられないのです。

商売でも何でも、仕事を始めるときは、自分が「これで行ける！」「これが正しい」

と思ったことをやるんです。周りが何と言おうと、「自分は、このアイディアで勝負するんだ」と、自分を貫くんです。

そうじゃないと、一歩も足が出ないんですよ。だから、「正しい」と思って挑戦する。ただ、仕事というのは、正しいことをやっていれば儲かり、間違ったことをやれば数字が下がる、そういうものなんです。


正しいことをやったつもりが、「正しい結果」、つまり利益が出ていないのだとしたら、何か間違いがあるのです。

その間違いを貫こうとしてはいけません。

なぜなら、それは、自分を貫くではなく、ただの頑固だからです。

頑固を貫くと、周りの人に、多大なるご迷惑がかかりますし、何より、自分自身がめちゃくちゃ疲れます。それよりも、頑固をやめて、改良することです。

改良してやってみて、その結果を見て、また改良してやる。

これを繰り返すのです。

「これ以上は無理」と思ったところからもう一段上がることができるんです。

私は子どもの頃から、

「想像もつかないくらいのお金持ちになる」

と思っていました。

女手ひとつで私を育てながら、村で唯一の雑貨店を営んでいた母に、楽をさせてやりたいと、子ども心に思っていたからです。

ただ、ちびっ子の私には、どれくらいのお金を持てば「お金持ち」と呼ばれるのか、わかりませんでした。

だから、「想像もつかないくらいのお金持ちになる」と思っていたのですね。


でも、実を言うと、自分が、テレビに出たり、講演をしたり本を書いたりするような、お金持ちになるとは思ってもみませんでした。

というのは、社会に出たとき、私は指圧師だったんです。たくさんの方にかわいがっていただき、指名もたくさんいただいて、結構な収入をいただいていました。

北海道の、帯広で指圧治療院を開業した当初は、運転資金をプールしておくことを忘れていて、財布のなかに三千円しかないことに気づいて愕然としました。

「このままではいけない、とにかく稼ごう！」

うちの兄が地元に顔が利く人だったおかげで、「出張で指圧してくれない？」とか、「村で健康教室をやるので、話してくれないかい？」とか、いろいろ声をかけてくださって、どんな仕事も、「ありがとうございます、喜んで！」と、やらさせていただきました。


そうこうするうちに、うちの治療院に指圧を受けにくる方が増えてきて、少しずつですが、貯金ができるようになっていったんです。

そんな頃、私は壁にぶつかってしまいました。

当時、一人一時間指圧をして三千円。

指圧師は私一人でしたから、一日がんばっても一〇人が限界でした。がんばっても現状維持、というのは、「おもしろくないな」と思ってしまったんです、私。もうちょっと、儲かったほうが、私は楽しいのです。

そこで、私は儲かることを考えました。

電気治療の器具を何台か買って治療院に設置しよう、と。

そうだ、電気治療の回数券も作ろう、と。

その結果、そこそこ、電気治療を受けにくる方もいました。

ところが、あるとき、うちの治療院に、一人さんがふらっっとやってきて、電気治療の器具がおいてある部屋を見てこう言ったんです。

「この器械は、フル稼働しているかい?」

私は「えっ?」と思いました。正直、一人さんが何を言っているのか、わからなかったんです。心のなかで私は「電気治療を二四時間営業にしろとでも言うの?」と、ちょっと文句を言ったりなんかして(笑)。

今の私だったら、一人さんが何を言わんとしているのかがよくわかります。まだまだ改良点があるのに、私はそれに気づいていなかった。というか、「まあ、こんなものでしょう」とか、「自分はがんばっている」と思っていたのです。「がんばる」とは、改良することに「がんばる」ということなのに。

これが、私にとって、人生ではじめて体験した壁でした。

自分の能力の限界を感じていたんです。

ただ、今の私がいる、ということは、私はその限界を超えたんですよね。

ということは、それは限界ではなかった、ということなんです。

壁を乗り越えた、最初の一歩、それは自分の幸せの追求でした。

人生ではじめて体験した壁を、私はどのようにして乗り超えることができたのか。
結論から先に言うと、〝上の気〟のおすそわけだったのです。

ただし、私は最初からわかって、そうしていたのではありません。

はじめは、一人さんが帯広に遊びにきたときに「死んだらどうなるか」という話をしてくれたんです。

その音声を私はカセットテープに録音していました。昔から、そういう習慣があったのです。自分の魂を磨くために、録音した一人さんのお話を何度も聞くのが、知り合った頃から習い性になっていました。

でも、一人さんの「死んだらどうなるか」の話は、特別でした。あの話を聞いていると、自分のなかに〝上の気〟が充満してくるのです。

何度聞いても、また聞きたくて、しかたがありませんでした。

ところが、あの当時、私は朝から晩まで指圧をしていて、なかなか自分の時間がとれない。そこで、私は、施術を受けにきた方、一人ひとりにたずねました。

「すみません、どうしても聞きたいテープがあるんですが、聞いていいですか？『死んだらどうなるか』というお話なんですが、聞くと、心が晴々とする話なんですが」と。

みなさん、「いいですよ」と言ってくれたので、私は指圧をしながら、一人さんの「死んだらどうなるか」の話を聞いていました。

いっしょに聞いてくれた方は、みな「もう一度聞きたい」と言ってくれました。

さらに、別室で電気治療を受けていた方たちも、「聞きたい！」「もっと音量をあげて、こちらも聞こえるようにしてください」そう言ってくれたんです。

とうとう、うちの治療院は、朝から晩まで「死んだらどうなるか」という話がエンドレスで流れている、いっぷう変わった治療院になってしまいました（笑）。

ふつう、治療院には、膝や腰の具合が悪くて、元気がなさそうな人が通ってくるのですが、うちの治療院に通ってくる方たちは、あの話を聞くようになってから明るくなっていったのです。

「人生、困ったことは起こらない」

そんな、前向きな会話が待合室から聞こえてくるようになりました。

さらにびっくりしたことがありました。

電気治療を受けにくる人が増えていき、フル稼働に近い状況になっていったのです。指圧の予約も「半年先まで予約がとれない」という状況になっていました。

〝いい縁起〟は待っていても来ません。自分から〝いい縁起〟を興すのです。

「死んだらどうなるか」の話を何度も聞いて、そらで言えるくらいになった頃、一人さんからのプレゼントで、「白光の誓い」（96ページご参照ください）のカードが届きました。

昔、一人さんから「心が豊かになる会を始めるよ」と言われて、私はすぐ、「私も入れてください」と言い、「ところで、心が豊かになる会のメンバーにはどういう人がいるんですか？」と尋ねたら、一人さんはあっはははと笑って、
「オレと恵美子さんの二人だよ」

そんなわけで、一人さんと二人で「心が豊かになる会」を始めたのですね。

その、「心が豊かになる会」の活動が、「白光の誓い」の実践だったんです。

目の前の人に、笑顔とやさしい言葉で接したり、長所をほめること。自分を愛すること、そして、自分を愛するように他人を愛すること。

これらを心がけながら日々を過ごしているうちに、私は自分のことが大好きになり、自分を愛するがごとく周りにいる人たちのことをいとおしいと思うようになっていきました。心が〝上の気〟で満たされていったのです。

自分自身のそういう経験から、私は「白光の誓い」のカードを数十枚コピーして、待合室に置いておきました。「ご自由におとりください」というメモ書きを添えて。

私自身は欲しい人だけ、持ち帰ってくれたらいいと思っていたのですが、コピーしても、コピーしても、「白光の誓い」のカードがなくなってしまいます。

さらに、驚いたことに、

「あの白光の誓いを実践したら、出世して給料があがった」

「自分はこの前、交通事故にあいそうになったんだが寸前のところで免れたんだよ」

「今、誰それさんの家を建てているんだけれど、この前、足を滑らせて三階から落ちてしまったの。それが偶然、おがくずの山の上に落ちたから、ケガひとつなくて」

「白光の誓い」を実践した体験談を、施術を受けにきた方たちが待合室で語り合うようになっていたのです。

そして、患者さんたちは、自分の友人・知人を連れてきて他の人の体験談を聞かせたりと、うちの治療院は、地域の寄り合いの場になっていました。


そして、うちの治療院で、一人さんが開発した商品を取り扱うようになると、

「先生（当時、私は柴村指圧治療院の院長先生でした）が勧めてくれた青汁を飲んでいるんだけど、体調がよくて」

「私もそうよ、足腰の具合がよくなくて外に出るのがおっくうだったけれど、今は山に行って山菜とったり、外出を楽しめるようになった」

「余命宣告されたのに、元気でいられてありがたい」

待合室で患者さんたちが、毎日、体験談のシェア会のようなことを始めたんです。

その売り上げは、私の施術よりも、電気治療よりも、大きく膨らんでいきました。

ひょんなことから始まった〝上の気〟のおすそわけが、いいご縁と、ご円（お金）の好循環をもたらしたのです。

このとき、私は、指圧師を辞めることを決意しました。

そして、私は一人さんの商品を販売する会社を立ち上げ、以来、私の会社は年々歳々、売り上げを伸ばし、現在に至ります。

改良千回、成功に至る

その都度、その都度、新しいことに挑戦するんです。

一人さんの言葉で、

「改良千回成功にいたる」

という言葉があります。

これは、千回改良すると成功する、ということではありません。


人が、何かに挑戦するときは「これでうまくいく」「このアイディアが最高だ」と思いながら取り組みます。

けれど、完璧は神さまの領域なんです。私たち人間は完璧を期しながら取り組んでも、完璧にはならないのです。

「ここはもうちょっと、こうしたらよかった」「ああしたらよかった」というのが必ず出てきます。だから、それを改良する。

それでも、「まだここがちょっと」というのが出てきて、また改良する。

どこまで行っても満足することなく、「まだもうちょっと」改良に改良を重ねていく、その道すがらが楽しいのです。

それが成功だと、私や一人さんは思っています。

だから、私や一人さんは常に、「もうちょっと上」「もうちょっと上」と、どこまでも「もうちょっと上」を目指し続けます。

それは、常に新しいことへの挑戦です。

それが私や一人さんにとって楽しいことなんです。やっぱり、同じことをやっているのは、つまらないのです。

だから、新しいことに挑戦をするんです。

最初は、うまくいくかどうかは、やってみないとわからない、そんな挑戦です。接客ひとつとっても、しどろもどろで、下手だったのが、「もうちょっと上」「もうちょっと上」と挑戦し続けるうちに、ひと月で青汁を一〇〇箱、売ってみようとか、自分の限界を超えたくなってくるから、不思議です。

その間、経験知《けいけんち》というものが蓄積していきますし、直観も磨かれていきます。

挑戦するなかで出会った人、起きた出来事から人は何かを学び、また何かに挑戦して、何かを学ぶ。

そういうことをしているうちに、やがて「挑戦すること」それ自体が楽しくて、挑戦できることがうれしくてしょうがなくなってくるんです。

義務感から「挑戦する」のではなく、おもしろくてしかたがなくてやっている、という感じになってくるんです。

はたから見たら、「なんで、あんな難しいことにチャレンジするんだろう」と思えるかもしれませんが、本人にしてみればゲームで遊んでいるのといっしょですね。

そうやって楽しく仕事をして、やがて神さまの元に戻ったときに、

「あちらはめちゃくちゃ楽しかったですよ」

と報告できる日を、私は楽しみにしているんです。

みなさんも、自分に与えられているものを使って、自分のためになり、人のお役に立つことに、挑戦してみてください。

そして、神さまの元で、みんなで再会できたとき、「こんな挑戦をしたら、こんなおもしろいことがあった」「こんな感動があった」みんなで語り合うことができたら、うれしいなって思っているんですね。

お金はいろんなところをめぐり循環するからこそ〝神さまの最高のアイディア〟が発揮されるんです。

本書の最後に、一人さん直伝の「お金の話」をさせていただきます。

私は、これからお話しすることが、「金運をアップさせる秘けつ」「一生お金に困らない秘けつ」だと思って、今まで生きてきました。

読者のみなさんには、みなさんなりの考えや信念があっていいのです。それと同じように、私には私の考えと信念がありますので、それをお伝えしたいと思います。

みなさん、すでにご存じの通り、お金はお金を呼び寄せる働きがあります。

ですから、収入の一部を〝自分にあげる〟(貯める)心がけが大切なのですが、それ以外に、もうひとつ重要なことがあるんです。

それは、「お金の使いかた」です。

「どのようにして使うか」によって金運は大いに影響されるのです。


金運は、お金をどのようにして使うか――それって、どういうこと? と思われた方も少なくないでしょう。これを説明するために、まず「金運」というものについて、私や一人さんがどのような考え方を持っているのか、お伝えさせてもらいますね。

お金というものは、世間を循環していくことによって、神さまの最高のアイディアが発揮される――つまり、自分や、自分とご縁のある人たちが、より明るく楽しく健やかに、より豊かに生きられる――という〝しくみ〟が、この世の中にはあるんです。

逆から言うと、貯める一方ではお金は循環せず、国も個人の生活も成り立たないんですよ。

やはり、みんなが楽しくお買い物をしたり、おいしいものを食べたり、旅であるとか、レジャーを楽しんだり、そういうことにお金を使うことによって、商店や企業はうるおい、雇用をつくり、この国の経済も福祉も、すべてがうまく回っていくようになっています。そして、世の中をかけめぐったお金は、やがて自分のところに戻ってくるんです。


このような、「お金の流れる道」に滞りがあると、金運が「なんだかなあ～」ということになります。

逆を言えば、お金の流れに滞りがなく、スムーズにめぐると金運が「あがった！」ということになるわけです。

そうです、お金がたくさん入ってきたことを、私は「金運があがった」とはとらえないのです。

なぜなら、たとえば、大金を手にしても、そのお金が悪いことをして得たお金だとすると、不思議なことに「悪因を残して消えていく」ように、なっているんです。

では、どうしたら金運があがるのか、お金がスムーズにめぐるのでしょうか。

結論から先に言いましょう。

「お金が喜ぶような使いかたをする」ことが重要なんです。

お金にも〝気持ち〟があると、一人さんも私も思っているんです。

金運をあげるには、なぜ「お金に喜ばれるような使いかた」をするのがいいのか、少し説明させてもらいますね。

ただし、今からお話することは、私や一人さんは「このように考えていますよ」ということですので、そのつもりで読み進めていってくださいね。

私や一人さんは「お金にも気持ちがある」というふうに考えているんですね。だから、お金が喜ぶようなことをしようと思います。嫌われるようなことはしたくないんです。

そうです、お金との向き合い方は、人づきあいと、よく似ているのです。

ところで、みなさんは、自分に嫌なことを言ってくる人、嫌なことをする人に近づきたいと思いますか？

なかなか、そうは思えないのではないでしょうか。

では、逆に、お近づきになりたいと思うのはどんな人ですか？

人というのは、自分を大切にしてくれる――たとえば、自分の能力や才能を生かしてくれる――と、うれしくなります。

そして、自分を大切にしてくれる人に近づきたい、いっしょにいたいと思うものではないでしょうか。

お金も、そうなんです。

大切に扱われたり、自分の能力・才能を生かしてくれると喜び、それをしてくれた人のところへ「早く帰ろう」、自分だけでなく「友だちの一万円札さんも連れて帰ろう」とするのです。

だから、私は「お金が喜ぶような使いかた」を心がけています。

もう少し具体的に言うと、以下の三つを心がけています。

①愛されるお客さんになる
②楽しく使う
③みんなに喜ばれることにお金を使う

これら3つの頭文字をとって、私は「金運をあげるATM」と呼んでいます。

「愛を回す」ことを意識してお金を使っていると、お金が喜ぶんです。

「金運をあげるATM」について、一つずつ説明していきますね。

まずはATMの、A「愛されるお客さんになる」ということについて、私がふだんから心がけていることをお伝えします。

「愛されるお客さんになる」とは、簡単に言うと、お店の人が困ること、嫌がることをしない、ということです。

たとえば、ご飯屋さんでご飯をいただいたら、だらだら長居をしないで、お代を払って店を出るよう、私は心がけています。「自分はお客さんだから」と、お店の人に対してワガママを言ったり、いばったりするなんて、もっての外です。

そして、私は行った先々で、そのお店をもりあげることを心がけています。先ほどの、ご飯屋さんの例で言うと、「おいしいね」と言いながら食べて、お会計のときに「おいしかった、ごちそうさまでした」と言って帰るのが習い性になっています。

次に「金運をあげるATM」のT「楽しく買い物をする」ということについて、私が心がけていることをお伝えしますね。

「買い物」というのは、必ず「支払い」が伴いますよね。「楽しく買い物をする」とは、やはり、自分の収入の範囲内で買いものをすること。これが基本です。そのことを考えずに、カードで買い物をしてしまったら、後で必ず苦しくなっちゃう。これでは、「楽しくお金を使っている」ことにはならないと、私は思うのです。

そして、支払い（カードの引き落とし）のときには、自分が出したお金に「ありがとう」って、感謝をしています。

「あぁ、買っちゃった」という罪悪感、出し渋る思いをしていると、お金の気持ちも重くなってスムーズに流れないのではないかと、私は思っている人なんです（笑）。

続きまして、「金運をあげるATM」のM「みんなが喜ぶことに使う」ということについてお話しします。

「みんなが喜ぶことに使う」とは、たとえば、起業家だったら、人に喜ばれるような商品やサービスを提供する、そのために必要な人材や物資、環境を整えることにお金を使うんですよね。お店をしている人もそうです。人が喜ぶ商品を仕入れたり、人が喜ぶサービスを行うために必要なことに、お金を使う。

お勤めの人でしたら、職場で必要とされるスキルを身に着けるために本を買ったり、セミナーを受ける、そういうことに使うといいでしょう。

そして、一生懸命、楽しく働いて楽しくお金を稼いだら、友だちとフランス料理などリッチなディナーを食べたり、気の合う仲間と旅に出かけるのもいいですよね。みんなで楽しむと喜びの輪が広がりますからね。

それと、困っている人のために、自分のおこづかいのなかから、なにがしかのお金を寄付したい、と思うことがあるでしょう。

基本的に、自分のお金の使い道は、自分が決めることだと、私は思っています。ただ、貯金がすっからかんになるようなことをしたら、周りの人は心配してしまいます。

「みんなに喜ばれる」には、まず自分がしっかり地に足のついた状態でいること。つまり、自分や自分の家族を養っていける状態であり続けること。

そのうえで、「私は寄付をしたいんです」というのなら、寄付をすればいいのではないでしょうか。私はそう思いますよ。

以上が、お金が喜ぶ使い方のポイント、「ATM」です。

つまり、「金運をあげるATM」とは、「愛」を回す、ということなんです。

それも、人のためになることだけでなく、自分自身のためにもなる、そういう「愛」を回すことなんです。

ピンときた方は、この「ATM」を試してみてください。

金運があがるのはもちろん、あなたの人間的魅力もグンとあがり、仕事運、恋愛運もアップするでしょう。豊かな人生を、バンバン、引き寄せますよ。

おわりに

斎藤一人
柴村恵美子

一人さんから読者のみなさんへ

昔から「金は天下の回りもの」と言われているように、確かにお金はこの世の中を循環しています。ただ、「不幸だ、不幸だ」と言っている人のところにはお金はこないんです。

お金持ちになる人は、お金持ちになる波動が出ている、幸せの波動が出ているんです。「今日、最高」って言っていると、最高の幸せが次々にくるんですよ。

一日、一日を「今日が最高だね」って言いながら楽しく過ごそう、笑顔で働こうと、今、心に決めた瞬間からあなたから、お金持ちになる波動が出ています。

きっと、さらなる〝豊かさ〟がやってきますよ。

恵美子さんから読者のみなさんへ

今は魂の時代だと言われます。

魂の時代には、自分にも人にもよくて天の神さまも喜ぶような、「愛」から出たアイディアを実践している人が、なぜか、うまくいってしまいます。

仕事はもちろん、人間関係もうまくいきます。

それだけではありません。

お金は、あたかも足が生えているかのように世間を行ったり来たりすることから、お金のことを〝お足〟と言うことがあります。

ただし、お金自体が行ったり来たりすることはできません。

そうです、人間が、お金を行ったり来たりさせているのです。

自分にもよくて人にもよくて天の神さまも喜ぶようなことをしている、愛の人の元には、人も集まるけれど、同時に、お金も集まるようになっているのです。

このことを知ってしまっただけでも、人生の展開が違ってくるでしょう。

一人さん曰く、これからは、ますます「愛」が中心の世の中になっていくのだそうです。

本書の原稿をしたためながら、一人さんのこの言葉を思い出し、私も、あらためて、自分のなかにいる神さまに、次のことを誓いました。

自分の機嫌をとりながら、愛のある笑顔、愛のある言葉を、ご縁のある神さまたちに行い、貴い働きをしていきます、と。

ちなみに、「自分のなかにいる神さま」とは、この宇宙を創造した天の分け御霊であり、愛と光です。またの名を「命」

と言います。

そうです、みなさんのなかにも神さまがいるのです。

読者のみなさんも、どうぞ、自分のなかに「愛と光」があることを意識しながら日々のお仕事を楽しみ、自分の人生を謳歌されますように。

最後まで、おつきあいくださり、ありがとうございました。

感謝いたします。

公式 Web コンテンツ！

柴村恵美子 YouTube

Emiko Shibamura

FUWAFUWA ちゃんねる

恵美子社長の最新動画を続々配信中!
最新情報はコチラをチェック？

大絶賛配信中!

斎藤一人さん推奨 !!
自分が光輝く存在になるセルフメイク !!
「**愛と光の近未来メイク**」の動画も配信していますよ

柴村恵美子LINE公式アカウント

恵美子社長とラインで

お友だちになろう !!

QRコードで簡単に登録できます!

ひとりさんとお弟子さんたちのブログについて

斎藤一人オフィシャルブログ

https://ameblo.jp/saitou-hitori-official

ひとりさんが毎日あなたのために、ついてる言葉を、日替わりで載せてくれています。ぜひ、遊びにきてください。

斎藤一人公式ツイッター

https://twitter.com/O4Wr8uAizHerEWj

お弟子さんたちのブログ

柴村恵美子さんのブログ	https://ameblo.jp/tuiteru-emiko/
舛岡はなゑさんのブログ	https://ameblo.jp/tsuki-4978
みっちゃん先生のブログ	https://ameblo.jp/genbu-m4900
宮本真由美さんのブログ	https://ameblo.jp/mm4900
千葉純一さんのブログ	https://ameblo.jp/chiba4900
宇野信之さんのブログ	https://ameblo.jp/nobuyuki4499
尾形幸弘さんのブログ	https://ameblo.jp/mukarayu-ogata/

雄大な北の大地で「ひとりさん観音」に出会えます。

北海道河東郡《かとうぐん》上士幌町

ひとりさん観音《かんのん》

柴村恵美子さん(斎藤一人さんの弟子)が生まれ故郷である北海道・上士幌町の丘に建立《こんりゅう》した、一人さんそっくりの美しい観音様。夜になると、一人さんが寄付した照明で観音様がオレンジ色にライトアップされ、昼間とはまた違った幻想的な姿になります。

記念碑

一人さん観音の建立から23年目に、白光の剣(※)とともに建立された「大丈夫」の記念碑。一人さんの愛の波動が込められており、訪れる人の心を軽くしてくれます。

(※)千葉県香取市にある「香取神社」の御祭神・経津主大神《ふつぬしおおみかみ》の剣。闇を払い、明るい未来を切り開く剣とされている。

「ひとりさん観音」にお参りをすると、願い事が叶うと評判です。一人さんのメッセージカードも引けますよ。

その他の一人さんスポット

ついてる鳥居：最上三十三観音　第2番　山寺(宝珠山千手院)

山形県山形市大字山寺4753　電話023-695-2845

斎藤一人（さいとう・ひとり）

実業家。「銀座まるかん」(日本漢方研究所)の創業者。1993年以来、毎年、全国高額納税者番付(総合)6位内にただ1人連続ランクインし、2003年には累計納税額で日本一になる。土地売却や株式公開などによる高額納税者が多いなか、納税額はすべて事業所得によるものという異色の存在として注目されている。近著は『斎藤一人さんの“ひとり言”出会いで人生は輝く』(内外出版社)、『斎藤一人　龍の奇跡を起こす　ふわふわの魔法』(けやき出版)、『斎藤一人　幸せ波動、貧乏波動』(PHP研究所)など。その他、多数の著書がすべてベストセラーとなっている。

柴村恵美子（しばむら・えみこ）

銀座まるかん柴村グループ代表。斎藤一人氏の一番弟子にして、著述家・講演家。18歳のときに斎藤一人氏と出会い、その肯定的・魅力的な考えに共感共鳴し、一番弟子となる。全国高額納税者番付で師匠の斎藤氏が日本一になったときに自身も全国86位という快挙を果たす。CEOとして活躍しながら師匠の楽しくて豊かになる教えを実践、普及している。近著の『斎藤一人　龍の奇跡を起こす　ふわふわの魔法』(けやき出版)の他、累計40万部を突破した『引き寄せシリーズ』(PHP研究所)など多くのベストセラーを発表し続けている。

お金に好かれる働き方

発行日　2024年4月1日　第1刷発行
　　　　2024年6月1日　第2刷発行

著　　者　斎藤一人　柴村恵美子
発 行 者　清田名人
発 行 所　株式会社内外出版社
〒110-8578 東京都台東区東上野2-1-11
電話 03-5830-0368(企画販売局)
電話 03-5830-0237(編集部)
https://www.naigai-p.co.jp

印刷・製本　中央精版印刷株式会社

ISBN 978-4-86257-697-2 C0030